FRANZÖSISCH DISKUTIEREN

Französisch-deutscher
Diskussionswortschatz
mit Satzbeispielen

Von
Heinz-Otto Hohmann

Langenscheidt
Berlin München Wien Zürich

Umschlagillustration: Eberhard Holz

Auflage: 4. 3. 2. | Letzte Zahlen
Jahr: 1986 85 84 | maßgeblich

©1983 Langenscheidt KG, Berlin und München
Druck: Druckhaus Langenscheidt KG, Berlin und München
Printed in Germany · ISBN 3-468-42515-5

Vorwort

Jede mündliche oder schriftliche Kommunikation, die über alltägliche Abläufe hinausgeht, setzt die Kenntnis bestimmter Formulierungen des Kommentierens, Argumentierens und Diskutierens voraus. Es handelt sich hier um eine sprachliche Schicht, auf die der Franzose unabhängig von Themen und Situationen ständig zurückgreift. Die vorliegende Zusammenstellung von Ausdrucksmitteln ist das Ergebnis einer umfangreichen Beobachtung und Analyse des französischen Sprachverhaltens. Sie wurde bewußt auf das Wesentliche begrenzt, um eine nachhaltige Aneignung zu ermöglichen.

Jede französisch-deutsche Lerneinheit besteht aus einer Diskussionswendung und — sofern diese nicht bereits einen vollständigen Satz darstellt — einem typischen Anwendungsbeispiel in der Form eines Einzelsatzes oder einer kurzen Sinneinheit. Das neben den Diskussionswendungen in den Beispielsätzen auftretende Sprachmaterial wurde vor allem unter den Gesichtspunkten der Lebensnähe, der Idiomatik und der vielseitigen Verwendbarkeit ausgewählt. Die Satzbeispiele, denen vielfach Formulierungsvarianten in beiden Sprachen beigegeben sind, dienen nicht nur zur Verdeutlichung von Bedeutung und Anwendung der betreffenden Diskussionswendung, sondern sollen als Modellsätze zusammenhängend eingeprägt werden. Auf diese Weise werden sowohl der Behaltenseffekt als auch die spontane Verfügbarkeit der Ausdrücke erheblich gesteigert. Die einzelnen Lerneinheiten sind alphabetisch nach den halbfett gedruckten Kernwendungen angeordnet worden, wobei lediglich *un/une* (als Geschlechtsangabe), *qc.* (*quelque chose*) und *qn* (*quelqu'un*) unberücksichtigt blieben.

Der Zugang zu der französischen Diskussionsphraseologie wird durch ein detailliertes Stichwortregister auch vom Deutschen her ermöglicht. Ein Anhang mit französisch-deutscher Konferenz-Terminologie rundet das Arbeitsmittel ab.

Wer sich das hier zusammengestellte Sprachmaterial mit den Anwendungsbeispielen nach und nach aneignet, wird eine erhebliche Steigerung seines französischen Ausdrucksvermögens erzielen, denn: Wir bilden unsere Sätze beim Sprechen und Schreiben in der Fremdsprache weitgehend durch Abwandlung uns vertrauter gleichartiger Äußerungen oder, wie Palmer und Blandford es formulieren, „nach analogen Sätzen, die wir uns einmal (bewußt oder unbewußt) eingeprägt haben"[1].

Hinweise zur Arbeit mit dem Diskussionswortschatz

(1) Es empfiehlt sich, die Anwendungsbeispiele laut lesend zu lernen, bis man sie mühelos frei sprechen kann. Da die einzelnen Lerneinheiten unabhängig voneinander sind, ist die Reihenfolge beim Lernen beliebig.

(2) Die gelernten Wendungen und Sätze sollten von Zeit zu Zeit wiederholt werden, um eine sichere Beherrschung zu gewährleisten.

(3) Der Diskussionswortschatz ist auf die Arbeit über einen längeren Zeitraum hin angelegt. Es ist wesentlich effektiver, sich nach und nach jeweils einzelne oder einige Formulierungen mit Satzbeispielen gründlich einzuprägen, als sich zu viel auf einmal vorzunehmen.

(4) Die Verfügbarkeit der Diskussionswendungen kann darüber hinaus gezielt geübt werden,
(a) indem man die Beispielsätze — laut lesend — durch sinnvolle Veränderung einzelner Satzteile (z. B. anderes Subjekt, andere Zeit, Verneinung) mündlich abwandelt;
(b) indem man schriftlich Kurztexte von zwei bis drei Sätzen erstellt, in die sich die (ggf. abgewandelten) Beispielsätze sinnvoll einfügen;
(c) indem man Aussagen in gelesenen Texten (z. B. Zeitungsartikeln oder Erzählungen) mündlich oder schriftlich mit passenden Formulierungen aus dem Diskussionswortschatz verbindet und so zu Diskussions- oder Kommentaräußerungen umgestaltet;
(d) indem man bei schriftlichen Äußerungen (z. B. Kommentaren, Protokollen, Referaten, Zusammenfassungen) möglichst viele Ausdrücke aus dem Diskussionswortschatz zu verwenden versucht.

---

[1] «from analogous sentences which have been (consciously or unconsciously) memorized at some previous time». H. E. Palmer/F. G. Blandford. *A Grammar of Spoken English*. Cambridge: Heffer, 1955, S. XXXI.

Inhaltsverzeichnis

Vorwort 3
Hinweise zur Arbeit mit dem Diskussionswortschatz 4
Zeichen und Abkürzungen 5
Französisch-deutscher Diskussionswortschatz
mit Satzbeispielen 6
Formulierungen zum organisatorischen Ablauf von Konferenzen
und Sitzungen 72
Deutsches Register der Übersetzungen 75

Zeichen und Abkürzungen

(...)   Runde Klammern enthalten zusätzliches Sprachmaterial, das an die Stelle des vorausgehenden treten kann.

[...]   Eckige Klammern enthalten Wörter und Wendungen, die auch weggelassen werden können.

/   Der Schrägstrich grenzt — wie die runden Klammern — zusätzliche Formulierungen voneinander ab.

qc.	quelque chose
qn	quelqu'un
fam.	familier
subj.	subjonctif
etw.	etwas
jd	jemand
jm	jemandem
jn	jemanden
js	jemandes
wörtl.	*wörtlich*

Französisch-deutscher Diskussionswortschatz mit Satzbeispielen

A

A ce que je vois, ...
A ce que je vois, on ne peut rien te (vous) cacher.

... à ce sujet
1 J'ai lu avec beaucoup d'intérêt votre article sur les enseignants et la correspondance de vos lecteurs à ce sujet.
2 Les journalistes ont posé des questions au président du directoire de la société à ce sujet.

A cela s'ajoute (s'ajoutent) ... / A cela s'ajoute que ...
1 L'avantage financier que présentait l'Espagne comme (en tant que) pays touristique commence à diminuer. A cela s'ajoutent les attentats des autonomistes basques.
2 ... A cela s'ajoute que les attentats des autonomistes basques créent une atmosphère de tension.

A condition que (*subj.*)/(pourvu que (*subj.*)
Je suis prêt(e) à aider votre beau-frère, à condition que (pourvu que) vous me rendiez un service en retour.

A en juger [par] qc.,...
A en juger [par] les journaux, les mesures du gouvernement ne visent qu'à amener les ouvriers à mettre fin à leur grève.

à juste titre
Vous avez, à juste titre, signalé que les délais de livraison sont décidément trop longs.

Wie ich sehe, ...
Wie ich sehe, bleibt dir (Ihnen) nichts verborgen (wörtl.: ..., kann man dir/Ihnen nichts verheimlichen).

diesbezüglich / darüber (hierüber)
1 Ich habe mit großem Interesse Ihren Artikel über die Lehrer und die diesbezüglichen Leserbriefe gelesen.
2 Die Journalisten haben dem Vorstandsvorsitzenden der Gesellschaft Fragen darüber (hierüber) gestellt.

... kommt (kommen) noch hinzu. / Hinzu kommt, daß ...
1 Der finanzielle Vorteil, den Spanien [früher] als Reiseland bot, fängt an zu schwinden. Die Anschläge (Attentate) der baskischen Autonomisten kommen noch hinzu.
2 ... Hinzu kommt, daß die Anschläge (Attentate) der baskischen Autonomisten eine Atmosphäre der Spannung verbreiten.

Unter der Bedingung, daß/vorausgesetzt, daß/sofern
Ich bin bereit, Ihrem Schwager zu helfen, unter der Bedingung, daß (vorausgesetzt, daß/sofern) Sie mir Ihrerseits einen Gefallen tun (einen Gegendienst erweisen).

Nach etw. zu urteilen, ...
Nach den Zeitungen (Den Zeitungen nach) zu urteilen, zielen die Maßnahmen der Regierung nur (lediglich) darauf ab, die Arbeiter zur Beendigung des Streiks zu veranlassen (wörtl.: die Arbeiter dazu zu bringen, ihren Streik zu beenden.

mit (zu) Recht
Sie haben mit (zu) Recht darauf hingewiesen, daß die Lieferfristen (Lieferzeiten) entschieden zu lang sind.

à l'égard de qc. (qn) / à cet égard ....
1 La politique des Pouvoirs publics à l'égard des ports français n'est pas de nature à favoriser la compétitivité de ces derniers.
2 Il vous remboursera la somme sans aucun doute. A cet égard on peut compter sur lui.

A l'heure actuelle, ...
A l'heure actuelle, il y a plus de deux millions de chômeurs en Grande-Bretagne.

à ma connaissance ....
A ma connaissance, il n'existe aucun projet de ce genre.

A mon avis (A mon sens/A mon point de vue), ...
A mon avis (A mon sens/A mon point de vue), on devrait passer cet incident sous silence.

A noter (Il est à noter) [également] que . . . .
A noter (Il est à noter) [également] que tous ces département ne se trouvent pas frappés de la même façon par la marée noire.

à part cela (ça) / en dehors de cela (ça) ....
— Je suis débordé(e) de travail en ce moment. Si ça continue comme ça, . . .
— Et à part cela (ça) / Et en dehors de cela (ça), comment vas-tu?
— Pas mal.

A première vue, ...
A première vue, le marché pour ce produit semble très prometteur. Mais les apparences sont trompeuses.

A proprement parler, ...
A proprement parler, les entreprises françaises ne sont pas tellement concernées par ce problème.

hinsichtlich (bezüglich) des (der) / in dieser Hinsicht (Beziehung)
1 Die Politik der Behörden hinsichtlich der französischen Häfen ist nicht geeignet (dazu angetan), ihre Wettbewerbsfähigkeit (wörtl.: die Wettbewerbsfähigkeit der letzteren) zu begünstigen (fördern).
2 Er wird Ihnen den Betrag (die Summe) zweifellos (ganz bestimmt) zurückerstatten (zurückzahlen). In dieser Hinsicht kann man sich auf ihn verlassen.

Gegenwärtig . . . / Zur Zeit . . .
Gegenwärtig (Zur Zeit) gibt es mehr als zwei Millionen Arbeitslose in Großbritannien.

meines Wissens
Meines Wissens gibt es kein Projekt (keinen Plan) dieser Art.

Nach meiner Ansicht (Meinung/Auffassung) / Meiner Ansicht (Meinung/Auffassung) nach. . .
Nach meiner Ansicht (Meinung/Auffassung) sollte man diesen Zwischenfall stillschweigend übergehen.

Es ist [auch] zu bedenken (zu betonen/darauf hinzuweisen), daß. . .
Es ist [auch] zu bedenken (zu betonen/darauf hinzuweisen), daß nicht alle diese Departements in gleicher Weise von der Ölpest betroffen sind.

abgesehen davon / sonst
— Ich bin zur Zeit arbeitsmäßig (mit Arbeit) überlastet. Wenn das so weitergeht, . . .
— Und wie geht es dir sonst (abgesehen davon)?
— Nicht schlecht. (Ganz gut.)

Auf den ersten Blick . . .
Auf den ersten Blick scheint der Markt für dieses Produkt (Erzeugnis) sehr vielversprechend [zu sein]. Aber der Schein trügt.

eigentlich (genaugenommen/strenggenommen)
Die französischen Unternehmen (Betriebe) sind eigentlich nicht so sehr von diesem Problem betroffen.

A quoi bon faire qc.?
A quoi bon se casser (se creuser) la tête pour trouver le mobile de ce revirement d'opinion?

A signaler (Il est à signaler) [également] que ...
A signaler (Il est à signaler) [également] que beaucoup de jeunes manquent d'égards envers les vieilles gens.

A vous écouter (entendre), ...
A vous écouter (entendre), on pourrait croire que vous savez tout ce qui se passe dans les coulisses. — Pas tout, mais j'en sais quand même quelque chose.

A vrai dire (A parler franchement/Franchement), ...
A vrai dire (A parler franchement/Franchement), je n'en sais pas grand-chose.

A y bien réfléchir / En y réfléchissant bien, il faut dire que ...
A y bien réfléchir, il faut dire que la proposition de M. Manseau n'est pas sotte du tout.

A y regarder mieux (de plus près) / En y regardant mieux (de plus près), on peut constater que ...
A y regarder mieux (de plus près) on peut constater qu'aujourd'hui la vie des élèves est plus difficile en fin de compte que par le passé.

aborder un problème (une question)
Après avoir discuté de (sur) la situation politique, les ministres ont abordé des problèmes (questions) économiques.

aboutir à qc.
Ces mesures aboutiront (vont aboutir) à coup sûr à une augmentation du nombre de chômeurs.

aller au fond des choses
Allons au fond des choses: La peine de mort n'a guère l'effet dissuasif qu'on en escomptait.

Wozu etw. tun? / Was nützt das (es) [schon], etw. zu tun?
Wozu sich den Kopf zerbrechen, um das Motiv (den Anlaß) für diesen Meinungsumschwung herauszufinden?

Es ist [auch] darauf hinzuweisen, daß . . .
Es ist [auch] darauf hinzuweisen, daß viele Jugendliche keine Rücksicht auf die alten Leute (Menschen) nehmen (daß viele Jugendliche es an Rücksicht gegenüber den alten Leuten/Menschen fehlen lassen).

Wenn man Sie [so] [reden] hört / Wenn man Ihnen [so] zuhört, . . .
Wenn man Sie [so] [reden] hört, könnte man denken, daß Sie alles wissen, was hinter den Kulissen vorgeht. — Nicht alles, aber ich weiß immerhin so einiges [davon].

Offen gesagt (gestanden) . . . / Ehrlich gesagt . . .
Offen gesagt (gestanden)/Ehrlich gesagt weiß ich nicht viel darüber (davon).

Wenn man [einmal] richtig darüber nachdenkt, muß man sagen, daß . . .
Wenn man [einmal] richtig darüber nachdenkt, muß man sagen, daß der Vorschlag von Herrn Manseau gar nicht [so] dumm ist.

Wenn man [einmal] genauer (näher) hinsieht, kann man (wird man) feststellen (konstatieren), daß . . .
Wenn man [einmal] genauer (näher) hinsieht, kann man (wird man) feststellen (konstatieren), daß das Leben der Schüler heute letztlich (letzten Endes/im Endeffekt) schwerer ist als früher.

ein Problem (eine Frage) ansprechen (anschneiden/angehen) / auf ein Problem (eine Frage) eingehen (zu sprechen kommen)
Nachdem die Minister über die politische Lage diskutiert (gesprochen) hatten, gingen sie auf wirtschaftliche Probleme (Fragen) ein.

führen zu etw.
Diese Maßnahmen werden mit Sicherheit zu einer Erhöhung der Arbeitslosenzahl führen.

den Dingen (der Sache) auf den Grund gehen
Gehen wir [doch] einmal den Dingen (der Sache) auf den Grund: Die Todesstrafe hat kaum die abschreckende Wirkung, die man davon erwartet (erhofft) hat.

aller de qc. à qc. ....
L'achat d'une voiture est généralement dicté par un éventail de critères qui vont de points de vue techniques à des points de vue tout personnels.

aller jusqu'à dire (affirmer, écrire, etc.) que ....
L'un des meilleurs spécialistes français de l'univers chinois va jusqu'à dire que «la société se décompose de plus en plus».

Allons directement aux faits. ....

[Alors,] je n'y comprends plus rien. ....

amener des conflits (querelles) ....
Leurs conceptions de la vie sont très différentes et cela amène forcément des conflits (querelles).

**attacher beaucoup d'importance (une grande importance) à qc. /
attacher plus (autant) d'importance à qc. qu'à qc.** ....
1 Il attache beaucoup d'importance (une grande importance) à cette expérience.
2 Le Proche-Orient attache plus d'importance à la question palestinienne qu'à la croisade antisoviétique des Etats-Unis.

attirer l'attention de qn sur qc. ....
A cette occasion, je voudrais attirer votre attention sur le fait que le ministre fédéral de l'Economie a déjà pris des précautions.

une attitude à l'égard de qc./envers qn ....
1 Je ne connais pas son attitude à l'égard des réformes projetées.
2 Quelle est leur attitude envers le chef du parti socialiste?

reichen von etw. bis [hin] zu etw. (bildlich)
Der Kauf eines Autos wird meist (meistens/im allgemeinen) von einem [ganzen] Spektrum (von einer Vielzahl) von Kriterien bestimmt, die von technischen bis [hin] zu ganz persönlichen Gesichtspunkten (Aspekten) reichen.

[sogar] so weit gehen zu sagen (behaupten, schreiben, usw.), daß
Einer der besten französischen Kenner der chinesischen Welt geht [sogar] so weit zu sagen, daß „die Gesellschaft sich immer mehr (mehr und mehr) auflöst (zersetzt)".

Konzentrieren wir uns einmal auf die Fakten/Tatsachen. (wörtl.: Gehen wir direkt auf die Fakten zu.)

[Also] ich verstehe überhaupt nichts mehr.

zu Konflikten (Auseinandersetzungen/Streitigkeiten) führen / Konflikte (Auseinandersetzungen/Streitigkeiten) mit sich bringen (nach sich ziehen/zur Folge haben)
Ihre Lebensauffassungen (Lebensanschauungen) sind sehr verschieden (unterschiedlich), und das führt notwendigerweise zu Konflikten (Auseinandersetzungen/Streitigkeiten).

einer Sache große Bedeutung beimessen / einer Sache mehr (ebensoviel) Bedeutung beimessen wie einer [anderen] Sache
1 Er mißt diesem Experiment (Versuch) eine große Bedeutung bei.
2 Der Nahe Osten mißt der Palestinenserfrage mehr Bedeutung bei als dem antisowjetischen Kreuzzug der Vereinigten Staaten.

js Aufmerksamkeit lenken auf etw.
Bei dieser Gelegenheit möchte ich Ihre Aufmerksamkeit auf die Tatsache lenken, daß der Bundeswirtschaftsminister schon (bereits) Vorsichtsmaßnahmen ergriffen hat.

eine Einstellung zu etw./zu jm (eine Haltung gegenüber etw./jm)
1 Ich kenne seine (ihre) Einstellung zu den geplanten Reformen nicht.
2 Wie stehen sie zum Führer der sozialistischen Partei? (wörtl.: Welches ist ihre Einstellung zum . . . ?)

Au dire de qn, ...
Au dire de certains chercheurs, les cadres supérieurs seraient particulièrement sujets à des crises cardiaques après quarante ans.

Au fond, ...
Au fond, la solution de ce problème est très simple.

Au point où en sont les choses, il n'y a rien à faire.

augmenter de ... % (pour cent) / diminuer de ... % (pour cent)
Le coût de la vie a augmenté (diminué) de 7 % (sept pour cent).

Autant que je m'en souvienne ...
Autant que je m'en souvienne, il a dit que oui.

..., [autant] que je sache.
La voiture coûte 40.000 francs en chiffres ronds, [autant] que je sache.

autrement dit (en d'autres mots/termes)
Elle ne voit plus la vie en rose. Autrement dit (En d'autres mots/termes), la guerre lui a ouvert les yeux.

avancer un argument (une hypothèse)
L'argument qu'il a avancé n'est pas du tout convaincant.

avoir affaire à qc. (qn)
Nous avons affaire à des départements peu peuplés.

avoir qc. en commun
Les deux personnages principaux du drame n'ont que peu de choses en commun.

avoir tendance à faire qc.
On a aujourd'hui tendance à surestimer la médecine.

avoir un effet positif (négatif) sur qc. (qn)
J'espère que la manifestation contre la centrale nucléaire prévue aura un effet positif sur les responsables.

Nach [der] Aussage js/von jm (Nach dem Urteil von jm)
Nach [der] Aussage mancher Forscher (von manchen Forschern) sollen leitende Angestellte besonders (in besonderem Maße) zu Herzanfällen neigen, wenn sie über vierzig [Jahre alt] sind.

Im Grunde [genommen] ...
Im Grunde [genommen] ist die Lösung dieses Problems sehr einfach.

So wie die Dinge [zur Zeit/im Augenblick] liegen (stehen), ist nichts zu machen.

steigen um ... % (Prozent) / fallen (sinken) um ... % (Prozent)
Die Lebenshaltungskosten sind um 7% (sieben Prozent) gestiegen (gesunken).

Soweit ich mich entsinne, ...
Soweit ich mich entsinne, hat er ja gesagt.

..., soviel ich weiß. / meines Wissens
Der Wagen (Das Auto) kostet rund 40.000 Francs, soviel ich weiß (... kostet meines Wissens rund 40.000 Francs).

anders gesagt/ausgedrückt (mit anderen Worten)
Sie sieht das Leben nicht mehr in rosigen Farben. Anders gesagt/ausgedrückt (Mit anderen Worten), der Krieg hat ihr die Augen geöffnet.

ein Argument (eine Hypothese) vorbringen
Das Argument, das er vorgebracht hat, ist keineswegs (überhaupt nicht) überzeugend.

es mit etw. (jm) zu tun haben
Wir haben es [hier] mit dünn besiedelten Departements zu tun.

etw. gemein (gemeinsam) haben / sich gleichen in etw.
Die beiden Hauptpersonen (Hauptfiguren) des Dramas haben nur wenig (wenige Dinge) gemein (gemeinsam).

dazu neigen, etw. zu tun
Man neigt heute (heutzutage) dazu, die Medizin zu überschätzen.

eine positive (negative) Wirkung haben/ausüben auf etw. (jn)
Ich hoffe, daß die Demonstration (Kundgebung) gegen das geplante Kernkraftwerk eine positive Wirkung auf die Verantwortlichen haben (ausüben) wird.

B

[Bien] au contraire. ....
L'épanouissement de la femme dans tous les domaines n'est pas un danger pour l'homme. [Bien] au contraire. C'est pour lui une chance.

Bon, récapitulons: . . . .
bref / en un mot ....
Cet homme a logé des réfugiés chez lui, il a donné de l'argent aux nécessiteux, il a sacrifié son temps à ceux qui avaient besoin d'aide, bref/en un mot, il a toujours agi en vrai chrétien.

C

Ce n'est certes pas la voie la plus facile, mais . . . .
Ce n'est certes pas la voie la plus facile, mais c'est assurément la seule qui puisse conduire au succès.

Ce que je constate personnellement c'est que . . . .
Ce que je constate personnellement c'est que le public paraît très intéressé par cette expérience.

Ce qui me frappe (m'a frappé(e)) en particulier (avant tout), c'est [le fait] que . . . .
Ce qui m'a frappé(e) en particulier (avant tout), c'est [le fait] qu'il a fini par céder.

Ce qui nous reste à faire maintenant, c'est de . . . .
Ce qui nous reste à faire maintenant, c'est de trouver le mobile du crime.

[Ganz] im Gegenteil.
Das Eindringen (wörtl.: Die Entfaltung) der Frau in alle Bereiche [des Lebens] stellt keine Gefahr für den Mann dar. [Ganz] im Gegenteil. Für ihn ist das eine Chance.

Also fassen wir [noch einmal] kurz zusammen: . . .

kurzum (kurz und gut) / mit einem Wort
Dieser Mann hat Flüchtlinge (Vertriebene) bei sich [zu Hause] aufgenommen, er hat den Bedürftigen (Notleidenden) Geld gegeben, er hat seine Zeit denen geopfert, die Hilfe brauchten, kurzum / mit einem Wort, er hat immer als wahrer (echter) Christ gehandelt.

Das ist gewiß (freilich/zwar) nicht der einfachste Weg, aber
Das ist gewiß (freilich/zwar) nicht der einfachste Weg, aber [das ist] sicher (bestimmt) der einzige, der zum Erfolg führen kann.

Was ich persönlich feststelle (feststellen kann) ist [die Tatsache], daß . . .
Was ich persönlich feststelle (feststellen kann) ist [die Tatsache], daß die Öffentlichkeit an diesem Versuch (Experiment) sehr interessiert scheint.

Was mir besonders (vor allem) auffällt (aufgefallen ist), ist [die Tatsache], daß . . .
Was mir besonders (vor allem) aufgefallen ist, ist [die Tatsache], daß er schließlich [doch] nachgegeben hat.

Was uns jetzt noch zu tun bleibt ist, etw. zu tun / Was wir jetzt noch tun müssen ist, etw. zu tun
Was uns jetzt noch zu tun bleibt/Was wir jetzt noch tun müssen ist, das Motiv für das Verbrechen herauszufinden.

Cela (Ça) dépend. / C'est selon. ....
Vous pensez (Pensez-vous) que la crise en Pologne puisse déclencher une guerre mondiale? — Eh bien, ça dépend (c'est selon). J'espère que non.

Cela (Ça), je vous (te) le concède. ....

Cela (Ça) ne sert à rien de faire qc. / Rien ne sert de faire qc. ....
Cela (Ça) ne sert à rien (Rien ne sert) de menacer les pays exportateurs de pétrole quand ils augmentent leurs prix.

Cela (Ça) revient à dire que . . . .
Cela (Ça) revient à dire que notre entreprise est vouée à l'échec. — Pas forcément.

Cela (Ça) revient au même. ....

Cela (Ça) tient [probablement/seulement] à qc. (qn) / Cela (Ça) ne tient pas [ne tient probablement pas/ne tient pas seulement] à qc. (qn) ....
Comment vont les affaires? — Pas trop bien, en ce moment. Cela (Ça) tient [probablement] à la situation économique.

Cela (Ça) va sans dire. ....

. . . , c'est-à-dire que . . . .
Il faudrait davantage tenir compte de la situation actuelle, c'est-à-dire qu'il faudrait progressivement réserver aux moyens de transport les carburants liquides.

C'est autre chose. / C'est une autre paire de manches. (fam.) .....
C'est bon (mauvais) signe. ....
C'est l'essentiel (le principal). ....
C'est mon affaire. ....

Das/Es kommt darauf an. (Je nachdem.)
Glauben Sie, daß die Krise in Polen einen Weltkrieg auslösen kann? — Tja (Nun ja), das/es kommt darauf an (je nachdem). Hoffentlich nicht.

Da gebe ich Ihnen (dir) [allerdings] recht. / Da muß ich Ihnen (dir) [allerdings] recht geben. (wörtl.: Das, ich gestehe es Ihnen (dir) zu.)

Es nützt nichts, etw. zu tun. / Es hat keinen Zweck, etw. zu tun. / Es ist zwecklos, etw. zu tun.
Es nützt nichts (Es hat keinen Zweck/Es ist zwecklos), den Erdöl exportierenden Ländern zu drohen, wenn sie ihre Preise erhöhen.

Das bedeutet praktisch (letztlich/letzten Endes), daß ... / Das läuft praktisch (letztlich/letzten Endes) darauf hinaus, daß ...
Das bedeutet praktisch (letztlich/letzten Endes), daß unser Vorhaben zum Scheitern verurteilt ist. — Nicht unbedingt.

Das kommt (läuft) auf dasselbe (das gleiche) hinaus.

Das liegt [wahrscheinlich/nur] an etw. (jm) / Das liegt nicht [liegt wahrscheinlich nicht/liegt nicht nur] an etw. (jm)
Wie geht das Geschäft (gehen die Geschäfte)? — Im Augenblick (Zur Zeit) nicht besonders (allzu) gut. Das liegt [wahrscheinlich] an der Wirtschaftslage (wirtschaftlichen Lage).

Das versteht sich von selbst.

..., das heißt, [daß] ...
Man müßte der gegenwärtigen Lage (Situation) [noch] mehr Rechnung tragen, das heißt (d. h.), man müßte die flüssigen Brennstoffe schrittweise (allmählich/nach und nach) den Verkehrsmitteln (Transportmitteln) vorbehalten. / ..., das heißt (d. h.), daß man die flüssigen ... vorbehalten müßte.

Das ist etwas [ganz] anderes.

Das ist ein gutes (schlechtes) Zeichen.

Das ist die Hauptsache.

Das ist meine Angelegenheit (Privatangelegenheit).

C'est pourquoi . . . / C'est la raison pour laquelle . . . / Pour cette raison . . .
La 2 CV (2 Chevaux) a une très mauvaise tenue de route. C'est pourquoi (C'est la raison pour laquelle/Pour cette raison) je ne l'ai pas achetée.

C'est réciproque.

C'est un cas limite.

C'est [une] affaire d'opinion.

C'est une goutte d'eau dans la mer.

C'est (Ce n'est pas) une question d'intérêt général.

Cette idée ne m'est jamais venue à l'esprit.

changer d'avis (d'opinion)
Chacun a le droit de changer d'avis (d'opinion).

chercher (trouver) une solution [satisfaisante] à un problème
Nous n'avons pas encore trouvé une solution [satisfaisante] à ce problème.

Comme je [te/vous] l'ai [déjà] dit, . . .
Comme je [te/vous] l'ai [déjà] dit, il n'a pas pu prévoir l'étendue de cette mesure.

Comme on pouvait s'y attendre, . . .
Comme on pouvait s'y attendre, il a dit que cette question n'était pas d'actualité en ce moment.

Comme tu le dis, . . . / Comme vous le dites, . . .
Comme tu le dis (Comme vous le dites), pour le tiers monde, l'augmentation continuelle du prix du pétrole risque d'avoir des conséquences catastrophiques.

Commençons par qc. / Commençons par faire qc.
Commençons par analyser le résultat du sondage d'opinion.

— comment dirais-je? —
Il est — comment dirais-je? — un peu étrange.

Daher (Deshalb/Aus diesem Grund) ...
Der 2 CV (2 Chevaux) hat eine sehr schlechte Straßenlage. Daher (Deshalb/Aus diesem Grund) habe ich ihn nicht gekauft.

Das beruht auf Gegenseitigkeit.
Das ist ein Grenzfall.
Das ist Ansichtssache. / Darüber kann man verschiedener Meinung sein.
Das ist ein Tropfen auf den heißen Stein.
Das ist eine (Das ist keine) Frage von allgemeinem Interesse.
Auf die Idee bin ich noch nie gekommen. / Daran habe ich noch nie gedacht. (wörtl.: Diese Idee ist mir noch nie in den Sinn gekommen.)
seine Meinung ändern
Jeder hat das Recht, seine Meinung zu ändern.
eine [zufriedenstellende] Lösung für ein Problem suchen (finden)
Wir haben noch keine [zufriedenstellende] Lösung für dieses Problem gefunden.
Wie gesagt, ... / Wie ich [dir/Ihnen] schon gesagt habe, ...
Wie gesagt (Wie ich [dir/Ihnen] schon gesagt habe), er hat die Tragweite (die Auswirkungen) dieser Maßnahme nicht vorhersehen können.
Wie zu erwarten war, ...
Wie zu erwarten war, sagte er (hat er gesagt), daß diese Frage gegenwärtig (zur Zeit) nicht aktuell sei.
Wie du sagst, ... / Wie Sie sagen, ...
Wie du sagst (Wie Sie sagen), für die dritte Welt droht das ständige Steigen (Ansteigen) des Erdölpreises katastrophale Folgen zu haben.
Fangen wir [einmal] mit etw. an./Fangen wir [einmal] damit an, etw. zu tun.
Fangen wir [einmal] damit an, das Ergebnis der Meinungsumfrage zu analysieren.
— wie soll ich sagen? —
Er ist — wie soll ich sagen? — ein wenig seltsam.

compliquer les choses ....
On dirait que vous aimez compliquer les choses.

concerner qn ....
Cette affaire ne me concerne pas.

confirmer une hypothèse ....
Ce que vous venez de dire confirme mon hypothèse.

Considéré(e) dans son ensemble, ...
Considéré dans son ensemble, le projet est prometteur. Mais il ne sera pas facile à réaliser.

Considéré(e) sous cet angle, ...
Considérées sous cet angle, les deux voitures sont comparables.

Contrairement à qc. (qn), . . . / A l'inverse de qc. (qn), ...
Contrairement au Président français (A l'inverse du Président français), le Président américain suit à la lettre les instructions de ses gardes du corps.

Contrairement à ce que tu penses (qu'ill pense, etc.)/tu dis (qu'ill dit, etc.), ...
Contrairement à ce que vous pensez, la plupart des gens ne refont pas les mêmes erreurs quand ils se remarient.

D

D'abord . . . / Tout d'abord . . . .
D'abord / Tout d'abord il faut faire la lumière sur cette curieuse affaire.

Dans ces conditions . . . .
Alain et Michel sont recherchés par la police. — Dans ces conditions je ne suis pas prêt(e) à les aider.

die Dinge [unnötig] komplizieren (kompliziert machen)
Man könnte fast sagen (wörtl.: würde sagen), daß Sie die Dinge gern [unnötig] komplizieren (kompliziert machen).

jn [etwas] angehen / jn betreffen
Diese Sache (Angelegenheit) geht mich nichts an/betrifft mich nicht.

eine Hypothese (Annahme/Vermutung) bestätigen
[Das] was Sie soeben gesagt haben bestätigt meine Hypothese (Annahme/Vermutung).

Als Ganzes gesehen . . .
Als Ganzes gesehen ist der Plan (das Projekt) vielversprechend. Aber er (es) wird nicht leicht zu realisieren (verwirklichen) sein.

Unter diesem Aspekt (Aus diesem Blickwinkel betrachtet) . . .
Unter diesem Aspekt (Aus diesem Blickwinkel betrachtet) sind die beiden Wagen (Autos) vergleichbar.

Im Gegensatz zu etw. (jm) . . .
Im Gegensatz zum französischen Präsidenten befolgt der amerikanische Präsident genau die Anweisungen seiner Leibwächter.

Im Gegensatz zu dem, was du denkst (er denkt, usw.)/du sagst (er sagt, usw.), . . .
Im Gegensatz zu dem, was Sie denken, machen die meisten Leute in einer zweiten Ehe nicht wieder die gleichen Fehler.

Zuerst (Zunächst/Als erstes) . . . / Zuallererst . . .
Zuerst (Zunächst/Als erstes)/Zuallererst müssen wir diese merkwürdige Sache aufklären.

Unter diesen Umständen (Bedingungen) . . .
Alain und Michel werden von der Polizei gesucht. — Unter diesen Umständen bin ich nicht bereit, ihnen zu helfen.

dans/en ce cas (cas-là) ....
La police semble croire qu'il s'agit d'un empoisonnement. Dans/En ce cas (cas-là), il y a toutes sortes de possibilités.

Dans le cas présent, ...
Dans le cas présent, je crois que vous faites erreur.

Dans le cas qui (Dans un cas comme celui qui) nous occupe, . . .
Dans le cas qui (Dans un cas comme celui qui) nous occupe, il faut peser soigneusement le pour et le contre.

dans le domaine de la politique (de la technique, de l'art, du jazz, etc.) / dans ce domaine ....
Qu'est-ce qui se passait dans le domaine de l'art (dans ce domaine) à cette époque?

Dans l'ensemble, ...
Dans l'ensemble, la situation s'est un peu détendue.

Dans un certain sens, . . . / En un sens, ...
Dans un certain sens (En un sens), vous avez raison.

. . . , d'après ce que j'ai compris (entendu dire). ....
Qu'est-ce qui s'est passé? — Quelqu'un a brûlé le feu rouge, d'après ce que j'ai compris (entendu dire).

D'après ce qu'on (il/elle) m'a dit, . . . / D'après ce qu'on dit, ...
D'après ce qu'on m'a dit/D'après ce qu'on dit, nous sommes en présence d'un homme qui est visiblement plein de préjugés.

De cette façon (manière) . . . .
Comme Robert doit se perfectionner en français, il travaille dans un restaurant à Nice pendant les vacances. De cette façon (manière) il joint l'utile à l'agréable.

De toute évidence, ...
De toute évidence, elle ne s'intéresse pas à la musique moderne.

in dem (diesem) Fall
Die Polizei scheint zu glauben, daß es sich um einen Giftmord handelt. In dem (diesem) Fall gibt es die verschiedensten Möglichkeiten.

Im vorliegenden Fall . . .
Im vorliegenden Fall irren (täuschen) Sie sich, glaube ich.

In dem Fall, der (In einem Fall wie dem, der) uns [hier] beschäftigt, . . .
In dem Fall, der (In einem Fall wie dem, der) uns [hier] beschäftigt, muß man das Für und Wider sorgfältig abwägen.

im Bereich (auf dem Gebiet) der Politik (der Technik, der Kunst, des Jazz, usw.) / in diesem Bereich (auf diesem Gebiet)
Was spielte sich zu dieser Zeit (damals) im Bereich/auf dem Gebiet der Kunst (in diesem Bereich/auf diesem Gebiet) ab? / Wie sah es zu dieser Zeit (damals) . . . aus?

Insgesamt (Im [großen und] ganzen/Alles in allem) . . .
Insgesamt (Im [großen und] ganzen/Alles in allem) hat sich die Lage ein wenig entspannt.

In gewissem Sinne (In gewisser Weise/Hinsicht) . . .
In gewissem Sinne (In gewisser Weise/Hinsicht) haben Sie recht.

. . . , soweit ich verstanden (gehört) habe.
Was ist [denn] passiert? — Irgend jemand ist bei Rot über die Ampel/Verkehrsampel gefahren (bei Rot durchgefahren), soweit ich verstanden (gehört) habe.

Nach dem was man (er/sie) mir gesagt hat (Wie man (er/sie) mir gesagt hat), . . . / Wie man [allgemein] sagt, . . .
Nach dem was man mir gesagt hat (Wie man mir gesagt hat)/Wie man [allgemein] sagt, haben wir es mit einem Mann zu tun, der offensichtlich (offenbar) voreingenommen (voller Vorurteile) ist.

Auf diese Weise . . .
Da Robert seine Französischkenntnisse erweitern (vertiefen) muß, arbeitet er in den Ferien in einem Restaurant in Nizza. Auf diese Weise kann er das Angenehme mit dem Nützlichen verbinden.

Ganz offensichtlich . . .
Ganz offensichtlich interessiert sie sich nicht für moderne Musik.

déclencher une discussion (une crise, une grève, une guerre, etc.)
La remarque de Richard selon laquelle il était pour la peine de mort a déclenché une vive discussion.

dépendre de qc.
La sécurité et l'indépendance de l'Europe dépendent avant tout de l'avenir de l'O.T.A.N.

devenir une fin en soi
Le service de renseignements ne doit pas devenir une fin en soi.

— disons —
La situation est semblable, c'est vrai, mais — disons — le problème se pose différemment.

Disons que . . .
Que pensez-vous de la peinture moderne française? — Disons que cela (ça) ne me dit pas grand-chose.

donner à penser (réfléchir)
C'est un phénomène qui donne à penser (réfléchir).

donner le feu vert pour qc.
Le gouvernement a donné le feu vert pour la construction de l'autoroute.

donner (dire) son avis
Il n'est interdit à personne de donner (dire) son avis.

donner un aperçu [de qc.] [à qn]
Je vais commencer par [vous] donner un aperçu [de la situation économique actuelle au Brésil].

1 du point de vue des patrons (travailleurs, Anglais, etc.)
2 de ce point de vue
1 Du point de vue des patrons, les revendications des syndicats ne sont pas acceptables.
2 De ce point de vue, elle a tout à fait raison.

eine Diskussion (eine Krise, einen Streik, einen Krieg, usw.) auslösen
Die Bemerkung von Richard, daß er für die Todesstrafe sei/wäre, löste eine lebhafte Diskussion aus.

abhängen von etw.
Die Sicherheit und die Unabhängigkeit (Freiheit) Europas hängen vor allem (in erster Linie) von der Zukunft der NATO ab.

zum Selbstzweck werden
Der Nachrichtendienst darf nicht zum Selbstzweck werden.

— sagen wir mal — (als Einschub)
Die Situation ist zwar ähnlich, aber — sagen wir mal — das Problem liegt (wörtl.: stellt sich) anders.

[Also] sagen wir mal: ... (als Satzeinleitung)
Was halten Sie von der modernen französischen Malerei? — [Also] sagen wir mal, das sagt mir nicht viel.

zu denken geben / nachdenklich stimmen
Das ist eine Erscheinung, die (ein Phänomen, das) zu denken gibt/ nachdenklich stimmt.

grünes Licht geben für etw. (bildlich)
Die Regierung hat grünes Licht für den Bau der Autobahn gegeben.

seine Meinung abgeben (äußern/sagen/vorbringen)
Es ist keinem (niemandem) verboten/Jeder hat das Recht, seine Meinung abzugeben (zu äußern/zu sagen/vorzubringen).

[jm] einen [kurzen] Überblick geben [über etw.]
Ich werde damit anfangen, daß ich [Ihnen] einen [kurzen] Überblick [über die gegenwärtige Wirtschaftslage in Brasilien] gebe.

1 vom Standpunkt der Arbeitgeber (Arbeitnehmer, Engländer, usw.) [aus] / aus der Sicht der Arbeitgeber (Arbeitnehmer, Engländer, usw.) / von den Arbeitgebern (Arbeitnehmern, Engländern, usw.) her gesehen

2 von diesem Standpunkt aus / aus dieser Sicht / von daher gesehen

1 Vom Standpunkt (Aus der Sicht) der Arbeitgeber sind die Forderungen der Gewerkschaften nicht akzeptabel (annehmbar).

2 Von diesem Standpunkt aus (Aus dieser Sicht/Von daher gesehen) hat sie völlig recht.

d'une part, . . . , d'autre part, . . . / d'un côté, . . . , de l'autre, . . .
D'une part (D'un côté), son entreprise est au bord de la faillite, d'autre part (de l'autre), il/elle brûle la chandelle par les deux bouts.

E

Eh bien, voici: . . .
Qu'est-ce que tu vas faire maintenant? — Eh bien, voici: Tout d'abord je vais demander mon congé. Ensuite . . .

En agissant ainsi, je (tu, il, on etc.) . . .
En agissant ainsi, elle s'est rendue suspecte.

En ce qui concerne (Quant à) . . .
En ce qui concerne (Quant à) la situation au Proche-Orient, il n'y a rien de nouveau en ce moment.

En clair, . . .
Les médecins doivent-ils gagner beaucoup d'argent? En clair, le médecin doit-il (est-ce que le médecin doit) gagner autant qu'un plombier, qu'un contremaître ou qu'un pilote de Boeing?

En clair, cela (ça) signifie (veut dire) que . . .
En clair, cela (ça) signifie (veut dire) que ceux qui agissent de cette manière courent le risque d'être arrêtés.

En conclusion, je voudrais dire (constater) ceci: . . .
En conclusion, je voudrais dire (constater) ceci: Nous avons assez de lois, mais c'est l'application de ces lois qui laisse [beaucoup] à désirer.

En considération de qc.
En considération de cette situation difficile, le problème ne sera pas facile à résoudre.

einerseits . . . , andererseits . . .
Einerseits ist sein/ihr Betrieb (Unternehmen) am Rande des Bankrotts, andererseits gibt er/sie das Geld mit vollen Händen aus (wörtl.: . . . läßt er/sie die Kerze an beiden Enden brennen).

Also folgendes: . . . (besonders nach Fragen)
Was wirst du jetzt tun? — Also folgendes: Zuallererst werde ich kündigen. Dann . . .

Durch diese Handlungsweise . . . / Durch dieses Verhalten . . .
(wörtl.: Dadurch daß ich so handele/handelte (du so . . . usw.)) Durch diese Handlungsweise (Durch dieses Verhalten) hat sie sich verdächtig gemacht.

Was . . . betrifft/angeht/anbelangt, . . .
Was die Lage (Situation) im Nahen Osten betrifft (angeht/anbelangt), gibt es im Augenblick nichts Neues.

Im Klartext (Um es ganz deutlich zu sagen): . . .
Sollen die Ärzte viel Geld verdienen? Im Klartext (Um es ganz deutlich zu sagen): Soll der Arzt wie ein Klempner (Installateur), wie ein Vorarbeiter (Werkmeister/Polier) oder wie der Pilot einer Boeing verdienen?

Im Klartext bedeutet/heißt das, daß . . .
Im Klartext bedeutet/heißt das, daß diejenigen, die so handeln (verfahren), Gefahr laufen, festgenommen (verhaftet) zu werden.

Abschließend (Zum Abschluß) möchte ich folgendes sagen (feststellen): . . .
Abschließend (Zum Abschluß) möchte ich folgendes sagen (feststellen): Wir haben genug Gesetze, aber die Anwendung dieser Gesetze läßt [sehr] zu wünschen übrig.

Angesichts (In Anbetracht) einer Sache
Angesichts (In Anbetracht) dieser schwierigen Lage (Situation) wird das Problem nicht leicht zu lösen sein.

En matière de médecine (psychologie, carburant, production, etc.), ...

En matière de traitements médicaux, les choses bougent très vite aujourd'hui.

en partie

Les difficultés sont déjà en partie surmontées.

En plus du problème de ..., il y a celui de ...

En plus du problème du cours du dollar, il y a celui de la récession.

... en quelque sorte ...

Elle est en quelque sorte obsédée par l'idée fixe de ne pas être prise au sérieux.

En règle générale (En général/Généralement), ...

En règle générale (En général/Généralement), les familles des candidats jouent un rôle important dans la campagne électorale aux Etats-Unis.

En résumé, on peut dire que ...

En résumé, on peut dire qu'il s'agit ici d'une publication très intéressante.

En somme, ... / Somme toute, ...

En somme (Somme toute), cette société du 20e siècle finissant s'avère une société de la solitude.

en théorie ... en pratique

Ce que vous dites là est bien beau en théorie, mais en pratique les choses sont souvent différentes.

En tout cas, ... /De toute façon, ...

Ou elle est tombée malade, ou elle a manqué le train, ou bien elle a tout simplement oublié le rendez-vous. En tout cas (De toute façon), une (l'une) de ces trois suppositions doit être la bonne.

Was die Medizin (die Psychologie, den Kraftstoff, die Produktion, usw.) betrifft/angeht/anbelangt, . . .
Was medizinische Behandlungsmethoden betrifft (angeht/anbelangt), verändern sich (wörtl.: bewegen sich) die Dinge heute (heutzutage) sehr schnell.

teilweise / zum Teil
Die Schwierigkeiten sind teilweise (zum Teil) schon überwunden.

Zu dem Problem des/der . . . kommt (tritt) [noch] das [Problem] der/des . . .
Zu dem Problem des Dollarkurses kommt (tritt) [noch] das [Problem] der Rezession.

. . . irgendwie (gewissermaßen) . . .
Sie wird irgendwie von der Zwangsvorstellung (der fixen Idee) verfolgt, nicht ernstgenommen zu werden.

Im allgemeinen/In der Regel . . .
Im allgemeinen (In der Regel) spielen die Familien der Kandidaten eine wichtige Rolle beim Wahlkampf in den Vereinigten Staaten.

Zusammenfassend kann man sagen, daß . . .
Zusammenfassend kann man sagen, daß es sich hier um eine sehr interessante Publikation (Veröffentlichung) handelt.

Alles in allem (Im ganzen gesehen/Summa summarum) . . .
Alles in allem (Im ganzen gesehen/Summa summarum) erweist sich diese Gesellschaft des ausgehenden 20. Jahrhunderts als eine Gesellschaft der Einsamkeit (Vereinsamung).

theoretisch (in der Theorie) . . . praktisch (in der Praxis)
Was Sie da sagen hört sich theoretisch [ja] ganz (sehr) hübsch an (wörtl.: ist theoretisch ganz/sehr hübsch), aber in der Praxis sehen die Dinge oft anders aus (wörtl.: sind die Dinge oft anders).

Jedenfalls (Auf jeden Fall) . . .
Entweder ist sie krank geworden, oder sie hat den Zug verpaßt, oder aber sie hat ganz einfach die Verabredung vergessen. Jedenfalls (Auf jeden Fall) muß eine dieser drei Vermutungen die richtige sein.

entendre par qc. ....
1 Qu'est-ce qu'on entend par «daltonisme» (par là)?
2 Qu'est-ce que vous entendez par cette remarque (par là)?

entrer dans les détails ....
Résumez brièvement l'essentiel. Il n'est pas nécessaire d'entrer dans les détails.

esquisser qc. [brièvement] ....
Voici/Voilà brièvement esquissé le contenu du film

. . . et ainsi de suite. ....
Les habitants de ces bidonvilles manquent de tout: vivres, vêtements, soins médicaux et ainsi de suite.

. . . et vice versa. / . . . et inversement. ....
Nous aidons nos amis en cas de besoin et vice versa (et inversement).

être à l'opposé [total] de qc. ....
Cette remarque est à l'opposé [total] de ce qu'il a dit dans son dernier discours.

être conforme à qc. ....
Cette façon (manière) de procéder n'est pas conforme aux règles du jeu.

être considéré(e) comme ....
Cette nouvelle revue est considérée comme une publication au-dessus de la moyenne.

être d'avis que ....
Je suis d'avis que nous devrions accueillir ces gens à bras ouverts.

être dû (due, dus, dues) à qc. ....
Ces résultats sont probablement dus aux mesures suivantes: . . .

verstehen unter etw. / meinen (sagen wollen) mit etw.
1 *Was versteht man unter ,,Daltonismus''/,,Farbenblindheit'' (darunter)?*
2 *Was meinen Sie mit dieser Bemerkung (damit)?*

ins einzelne gehen/in die Einzelheiten gehen/auf Einzelheiten eingehen
Fassen Sie kurz das Wesentliche zusammen. Es ist nicht nötig (notwendig), ins einzelne zu gehen.

etw. [kurz] umreißen / etw. skizzieren
Das (Folgendes) ist/Das wäre kurz umrissen (in großen Zügen) der Inhalt des Films. (,,Voici'' würde man vor der Zusammenfassung, ,,Voilà'' nach der Zusammenfassung sagen.)

... und so weiter. / ... und so fort.
Den Bewohnern dieser Elendsviertel fehlt es an allem: an Lebensmitteln, Kleidung, ärztlicher Betreuung und so weiter (und so fort).

... und umgekehrt.
Wir helfen unseren Freunden im Notfall und umgekehrt.

im [völligen] Gegensatz (Widerspruch) stehen zu etw.
Diese Bemerkung (Äußerung) steht im [völligen] Gegensatz (Widerspruch) zu dem, was er in seiner letzten Rede gesagt hat.

einer Sache entsprechen
Diese Verfahrensweise (Art des Vorgehens) entspricht nicht den Spielregeln. (Spielregeln: hier bildlich)

gelten als / betrachtet werden als
Diese neue Zeitschrift gilt als eine überdurchschnittliche Publikation.

der Ansicht (Meinung) sein, daß
Ich bin der Ansicht (Meinung), daß wir diese Leute mit offenen Armen aufnehmen sollten.

zurückzuführen sein auf etw.
Diese Ergebnisse sind wahrscheinlich auf folgende Maßnahmen zurückzuführen: ...

être du côté de qn ....
1 Je suis [entièrement] du côté des écologistes dans leur lutte contre la pollution.
2 Je suis [entièrement] de votre côté.

être en jeu ....
Et avant tout, pensez à ceci: L'avenir de notre association est en jeu.

être en partie vrai (juste/exact) ....
Ce que vous venez de dire est en partie vrai (juste/exact), mais pas tout à fait.

1 être [entièrement/tout à fait] de l'avis de qn [sur ce point]
2 être [entièrement/tout à fait] d'accord avec qn [sur ce point]
3 être du même avis que qn [sur ce point] ....
1 Je suis [entièrement/tout à fait] de l'avis de M. Lebreton [sur ce point].
2 Je suis [entièrement/tout à fait] d'accord avec M. Lebreton [sur ce point].
3 Je suis du même avis que M. Lebreton [sur ce point].

être étroitement lié(e)s ....
Tous ces problèmes sont étroitement liés.

être [immédiatement] touché(e) par qc. ....
Parlons d'abord des étudiants [qui sont] immédiatement touchés par ces mesures.

être incompatible avec qc. ....
Une telle mesure serait incompatible avec les principes de notre association.

être le cas ....
Je les aiderais s'ils en avaient besoin. Mais ce n'est pas du tout le cas.

être le seul/la seule à faire qc. ....
Elle est la seule à me tenir au courant en m'écrivant de temps en temps.

être pour (pour qc.) / être contre (contre qc./opposé(e) à qc.) ....
Que pensez-vous de la décentralisation en France? — La plupart des Bretons sont pour, mais moi, je suis contre.

auf der Seite (auf seiten) js stehen / halten zu jm
1 Ich stehe [ganz/völlig] auf seiten der Umweltschützer bei ihrem Kampf gegen die Umweltverschmutzung.
2 Ich stehe [ganz/völlig] auf Ihrer Seite.

auf dem Spiel stehen
Und denken Sie vor allem an dies (folgendes): Die Zukunft unseres Vereins (unserer Vereinigung) steht auf dem Spiel.

teilweise/zum Teil wahr (richtig) sein
[Das] was Sie [da] sagen (wörtl.: gerade gesagt haben), ist teilweise/zum Teil wahr (richtig), aber nicht ganz.

[genau (wörtl.: ganz/völlig)] der gleichen Ansicht (Meinung) sein wie jd [in diesem Punkt]
Ich bin [genau] der gleichen Ansicht (Meinung) wie Herr Lebreton [in diesem Punkt].

eng miteinander verbunden (verknüpft) sein
All(e) diese Probleme sind eng miteinander verbunden (verknüpft).

[unmittelbar] betroffen sein von etw.
Sprechen wir zunächst [einmal] von den Studenten, die von diesen Maßnahmen unmittelbar betroffen sind.

unvereinbar sein mit etw.
Eine solche Maßnahme wäre unvereinbar mit den Prinzipien (Grundsätzen) unserer Vereinigung (unseres Vereins).

der Fall sein
Ich würde ihnen helfen, wenn sie es nötig hätten. Aber das ist überhaupt (gar) nicht der Fall.

der/die einzige sein, der/die etw. tut
Sie ist die einzige, die mich auf dem laufenden hält, indem sie mir von Zeit zu Zeit (ab und zu) schreibt.

dafür (für etw.) sein / dagegen (gegen etw.) sein
Was halten Sie von der Dezentralisierung in Frankreich? — Die meisten Bretonen sind dafür, aber ich bin dagegen.

être typique de qc.
Le confort des sièges est typique des véhicules d'outre-Rhin.

exercer une [grande/certaine] influence sur qc. (qn)
La presse exerce une grande influence sur l'opinion publique.

exposer le problème (les raisons, les faits, etc.) [à qn]
Je n'ai pas le temps maintenant de vous exposer les faits.

expressément
Je lui ai demandé expressément de venir à l'heure.

F

Face aux problèmes économiques (politiques, sociaux, etc.) actuels,
Face aux problèmes économiques actuels, Talbot vient de licencier 10 % (10 pour cent) de son personnel.

faire exception / ne pas faire exception
Les industriels européens redoutent la concurrence des Japonais. Même les constructeurs allemands ne font pas exception.

faire ressortir qc. /mettre en évidence qc. /mettre en relief qc.
La série de revendications posées fait ressortir (met en évidence/met en relief) toutes les frustrations de la population et les difficultés de l'économie nationale.

I

Il en est [exactement] de même pour (de)...
La peinture non-figurative n'intéresse que peu de gens. Il en est [exactement] de même pour (de) la musique moderne.

typisch für etw. sein
Der Komfort der Sitze ist typisch für die Fahrzeuge von jenseits des Rheins (= aus Deutschland bzw. Frankreich).

einen [großen/gewissen] Einfluß ausüben auf etw. (jn)
Die Presse übt einen großen Einfluß auf die öffentliche Meinung aus.

[jm] das Problem (die Gründe, den Sachverhalt, usw.) darlegen
Ich habe jetzt keine Zeit, Ihnen den Sachverhalt darzulegen.

ausdrücklich
Ich habe ihn/sie ausdrücklich [darum] gebeten, pünktlich zu kommen.

Angesichts (In Anbetracht) der gegenwärtigen wirtschaftlichen (politischen, sozialen, usw.) Probleme . . .
Angesichts (In Anbetracht) der gegenwärtigen wirtschaftlichen Probleme hat Talbot gerade (soeben) 10 % (10 Prozent) seiner Belegschaft entlassen.

eine Ausnahme bilden / keine Ausnahme bilden
Die europäischen Industriellen fürchten die Konkurrenz der Japaner. Selbst (Sogar) die deutschen Hersteller bilden [da] keine Ausnahme.

etw. deutlich werden lassen (etw. unterstreichen)
Die Reihe (Serie) von erhobenen Forderungen läßt die ganzen Enttäuschungen (Frustrationen) der Bevölkerung und die Schwierigkeiten der nationalen Wirtschaft deutlich werden.

[Ganz] genauso verhält es sich mit . . .
Die abstrakte Malerei interessiert nur wenige [Leute]. [Ganz] genauso verhält es sich mit der modernen Musik.

Il en va [d'ailleurs] de même pour qc. (qn) ....
Il en va [d'ailleurs] de même pour le charbon dont les réserves aux Etats-Unis notamment sont énormes.

Il est à prévoir que . . . .
Il est à prévoir que la situation au Liban restera tendue.

Il est certain que . . . .
Il est certain qu'elle s'est trompée sur toute la ligne.

Il est évident (clair) que . . . .
Il est évident (clair) que nous devrons prendre tôt ou tard une décision à ce sujet.

Il est hors de doute que . . . / Il ne fait aucun (pas de) doute que . . .
Il est hors de doute (Il ne fait aucun/pas de doute) qu'à l'époque Moreau est parti en Allemagne comme travailleur volontaire.

Il est intéressant de noter que . . . .
Il est intéressant de noter que l'ambassadeur a abordé cette question deux fois de suite.

il est (était) question de qc. (qn) ....
Quoi qu'il en soit, je suis sûr(e) qu'il était question d'argent.

il est (était) question de faire qc. ....
Dès qu'il est question de trouver des volontaires pour ce travail, la plupart des gens font la sourde oreille.

Il est recommandé de [ne pas] faire qc. ....
Il est recommandé de suivre les conseils de la police.

Il est vrai que . . . , mais au fond . . . .
Il est vrai que l'article est tendancieux, mais au fond l'auteur a raison.

Il faut conclure: . . . .

Das gleiche gilt [übrigens] für etw. (jn) / Genauso ist es [übrigens] bei etw. (jm)
Das gleiche gilt [übrigens] für die Kohle/Genauso ist es [übrigens] bei der Kohle, von der es besonders in den Vereinigten Staaten [noch] riesige Reserven (Vorräte) gibt.

Es ist [schon jetzt] vorauszusehen (vorherzusehen), daß . . .
Es ist [schon jetzt] vorauszusehen (vorherzusehen), daß die Lage im Libanon [weiterhin] gespannt bleiben wird.

Es steht fest, daß . . .
Es steht fest, daß sie sich auf der ganzen Linie (in allen Punkten) geirrt (getäuscht) hat.

Es ist klar, daß . . . / Es liegt auf der Hand, daß . . .
Es ist klar (Es liegt auf der Hand), daß wir früher oder später eine diesbezügliche Entscheidung treffen müssen.

Es steht außer Zweifel, daß (Es besteht kein Zweifel [daran], daß/Es steht fest, daß) . . .
Es steht außer Zweifel (Es besteht kein Zweifel [daran]/Es steht fest), daß Moreau damals (seinerzeit) als freiwilliger Arbeiter nach Deutschland gegangen ist.

Es ist interessant festzustellen, daß . . .
Es ist interessant festzustellen, daß der Botschafter diese Frage zweimal hintereinander angeschnitten (angesprochen) hat.

es geht (ging) um etw. (jn) / die Rede ist (war) von etw. (jm)
Wie dem auch sei, ich bin sicher, daß es um Geld ging (daß die Rede von Geld war).

es geht (ging) darum, etw. zu tun
Sobald es darum geht, Freiwillige für diese Arbeit zu finden, stellen sich die meisten Leute taub.

Es ist ratsam (Es empfiehlt sich), etw. [nicht] zu tun.
Es ist ratsam (Es empfiehlt sich), den Hinweisen (Ratschlägen) der Polizei zu folgen/die Hinweise (Ratschläge) der Polizei zu befolgen.

Es stimmt zwar, daß . . . , aber im Grunde [genommen] . . .
Es stimmt zwar, daß der Artikel tendenziös ist, aber im Grunde [genommen] hat der Autor (Verfasser) recht.

Ich muß/Wir müssen schließen (zum Schluß kommen): . . . (z. B. bei einer Rede, Diskussion, Sitzung)

Il faut distinguer entre . . . et . . .
Il faut distinguer entre les immigrés qui vivent dans le pays depuis longtemps et ceux qui viennent d'arriver.

Il faut en convenir: . . .
Il faut en convenir: Les espoirs concernant le traitement du cancer ont été en fin de compte déçus.

Il faut en finir avec qc.
Il faut en finir avec la course aux armements.

Il faut le dire très clairement: . . .
Il faut le dire très clairement: Il n'y a pas de remède miracle, ni contre l'inflation, ni contre le chômage.

Il faut noter [cependant] que . . .
Il faut noter [cependant] que toutes ces rumeurs n'ont pas facilité la tâche du nouveau chef de la diplomatie américaine.

Il ne faut pas perdre de vue que . . .
Il ne faut pas perdre de vue que cela (ça) coûterait deux fois plus cher (deux fois le prix).

Il n'en reste pas moins que . . .
Il n'en reste pas moins que le nombre des touristes et vacanciers est inférieur de 20 à 30% (20 à 30 pour cent) à ce qu'il était l'année dernière.

Il n'est pas question ici de faire qc.
Il n'est pas question ici d'ouvrir une polémique. Nous voulons plutôt ceci: . . .

Il s'agit de qc. (qn). / Il s'agit de faire qc.
1 De quoi s'agit-il? — Il s'agit d'un problème un peu délicat.
2 Il s'agit uniquement de demander un renseignement.

Man muß (Wir müssen) unterscheiden zwischen ... und
Man muß (Wir müssen) unterscheiden zwischen [den] Einwanderern, die schon lange (seit langem) im Land leben, und denen (solchen), die gerade (soeben) [erst] angekommen sind.

Es läßt sich nicht leugnen: ... (wörtl.: Man muß es zugeben.)
Es läßt sich nicht leugnen: Die Hoffnungen hinsichtlich der Behandlung des Krebses sind letztlich enttäuscht worden.

Man muß (Wir müssen) [endlich/endlich einmal] Schluß machen mit etw.
Man muß (Wir müssen) [endlich/endlich einmal] Schluß machen mit dem Wettrüsten.

Man muß es einmal ganz klar [und deutlich] sagen / Es muß einmal ganz klar [und deutlich] gesagt werden: ....
Man muß es einmal ganz klar [und deutlich] sagen: Es gibt weder ein Wundermittel gegen die Inflation noch gegen die Arbeitslosigkeit.

Man muß (Wir müssen) [jedoch] bedenken, daß ... / Es muß [jedoch] festgehalten (festgestellt) werden, daß ...
Man muß [jedoch] bedenken, daß alle diese Gerüchte die Aufgabe (Arbeit) des neuen Chefs der amerikanischen Diplomatie nicht [gerade] erleichtert haben.

Man darf nicht übersehen (außer acht lassen), daß ...
Man darf nicht übersehen (außer acht lassen), daß das doppelt so teuer wäre (doppelt so viel kosten würde).

Dessenungeachtet (Dennoch/Trotzdem) ...
Dessenungeachtet (Dennoch/Trotzdem) liegt die Zahl der Touristen und Urlauber (Feriengäste) um 20 bis 30% (20 bis 30 Prozent) unter der des Vorjahres (des letzten/vorigen Jahres).

Es geht hier nicht darum, etw. zu tun.
Es geht hier nicht darum, eine Polemik (eine Kontroverse/einen Streit) anzufangen. Wir wollen vielmehr folgendes (dies): ...

Es handelt sich um (Es geht um) etw. (jn). / Es geht darum, etw. zu tun.
1 Worum handelt es sich? (Worum geht es?) — Es handelt sich um (Es geht um) ein etwas heikles Problem.
2 Es geht einzig und allein darum, eine Auskunft zu erbitten.

Il va de soi que . . . / Il va sans dire que . . . .
Il va de soi (Il va sans dire) que les résultats de cette enquête ne peuvent être admis qu'avec réserve.

Il vaut mieux appeler les choses par leur nom. ....

J

J'ai entendu dire que . . . .
J'ai entendu dire qu'il n'y a pas moyen de venir en aide aux mineurs.

J'ai été frappé(e) par l'importance que qn accorde à qc. ....
J'ai été frappé(e) par l'importance que les Français accordent à la nourriture.

J'ai l'impression que . . . .
J'ai l'impression que beaucoup de scientifiques sont trop loin des réalités quotidiennes.

J'ai perdu le fil. ....

J'ai (Il a, Nous avons, etc.) pour objectif essentiel de faire qc. ....
Nous avons pour objectif essentiel de coordonner des actions ponctuelles.

J'allais dire exactement la même chose. ....

Je dirais plutôt que . . . .
Il n'a pas le temps de venir demain. — J'en doute fort. Je dirais plutôt qu'il a peur de venir.

Je ne sais pas si je me suis bien fait comprendre: ce que je voulais dire, c'est que . . . .
Je ne sais pas si je me suis bien fait comprendre: ce que je voulais dire, c'est qu'à l'avenir nous ne serons plus à même de résoudre ces problèmes tout seuls.

Je n'en ai aucune idée. ....

Es versteht sich von selbst, daß ...
Es versteht sich von selbst, daß man die Ergebnisse dieser Umfrage (Befragung) nur mit Vorbehalt (Zurückhaltung) aufnehmen (zur Kenntnis nehmen) kann.

Es ist besser, die Dinge (das Kind) beim [richtigen] Namen zu nennen. (= ..., ganz offen zu reden.)

Ich habe gehört, daß ...
Ich habe gehört, daß es keine Möglichkeit gibt (gäbe), den Bergleuten (Bergarbeitern) zu Hilfe zu kommen.

Mir ist aufgefallen, daß jd etw. große Bedeutung beimißt.
(wörtl.: Ich bin überrascht worden von ...)
Mir ist aufgefallen, daß die Franzosen dem Essen (der Nahrung) große Bedeutung beimessen.

Ich habe den Eindruck, daß ...
Ich habe den Eindruck, daß viele Wissenschaftler zu wirklichkeitsfremd (unrealistisch) sind.

Ich habe den Faden verloren. (beim Sprechen, Überlegen, usw.)

Mein (Sein, Unser, usw.) Hauptziel ist [es] (besteht darin), etw. zu tun.
Unser Hauptziel ist [es] (besteht darin), Einzelaktionen (punktuelle Aktionen) zu koordinieren.

Ich wollte [gerade] genau das gleiche (dasselbe) sagen.

Ich würde eher sagen, daß ...
Er hat keine Zeit, morgen zu kommen. — Das möchte ich stark bezweifeln. Ich würde eher sagen, daß er Angst hat zu kommen.

Ich weiß nicht, ob ich mich richtig (klar [genug]) ausgedrückt habe: Was ich sagen wollte, ist, daß ...
Ich weiß nicht, ob ich mich richtig (klar [genug]) ausgedrückt habe: Was ich sagen wollte ist, daß wir künftig (in Zukunft) nicht mehr in der Lage sein werden, diese Probleme ganz allein zu lösen.

Ich habe keine Ahnung. / Ich weiß es [wirklich] nicht.

Je n'ignore pas que . . .
Je n'ignore pas que vous êtes par principe opposé(e) au divorce.

Je suis [entièrement/tout à fait] de ton (votre) avis. / Je ne suis pas (pas du tout) de ton (votre) avis.

Je suis [tout à fait] convaincu(e) que . . .
Je suis [tout à fait] convaincu(e) que c'est la meilleure solution.

Je tiens [particulièrement] à m'élever (à protester) contre l'affirmation que . . .
Je tiens [particulièrement] à m'élever (à protester) contre l'affirmation que ces gens ont foulé aux pieds la loi.

1 Je trouve que . . .
2 trouver qc. bon, bonne (intéressant,e/ennuyeux,se/injuste, etc.)
1 [Moi,] je trouve que les femmes sont toujours défavorisées à tous égards (à tout point de vue).
2 [Moi,] je trouve cette décision injuste.

Je vais te (vous) dire une chose: . . .
Je vais te (vous) dire une chose: Ce séjour aux Etats-Unis te (vous) permettra de mieux comprendre la vie politique américaine.

Je voudrais (Je tiens à) préciser que . . .
Je voudrais (Je tiens à) préciser que je n'ai appris la nouvelle que par la presse.

Je voudrais (Je tiens à) souligner [le fait] que . . .
Je voudrais (Je tiens à) souligner [le fait] que cette coutume ne remonte pas non plus au Moyen-Age.

J'en sais quelque chose.

J'estime que . . .
J'estime que le slogan «Le crime ne paie pas» devient de plus en plus douteux par les temps qui courent.

Ich weiß sehr wohl, daß . . .
Ich weiß sehr wohl, daß Sie aus Prinzip (prinzipiell/grundsätzlich) gegen die (ein Gegner der) Ehescheidung sind.

Ich bin [ganz/völlig] deiner (Ihrer) Meinung. / Ich bin nicht (keineswegs/durchaus nicht) deiner (Ihrer) Meinung.

Ich bin [fest] davon überzeugt, daß . . .
Ich bin [fest] davon überzeugt, daß das die beste Lösung ist.

Ich möchte mich [besonders] gegen die Behauptung wenden, daß . . . / Ich möchte [besonders] gegen die Behauptung protestieren (Einspruch erheben), daß . . . (Je tiens à = Ich lege Wert darauf)
Ich möchte mich [besonders] gegen die Behauptung wenden, daß diese Leute das Gesetz mit Füßen getreten (das Gesetz mißachtet) hätten.

1 Ich finde (bin der Ansicht/Meinung), daß . . .
2 etw. gut (interessant/langweilig/ungerecht, usw.) finden
1 Ich [persönlich] finde (bin der Ansicht/Meinung), daß die Frauen immer noch in jeder Hinsicht benachteiligt sind.
2 Ich [persönlich] finde diese Entscheidung ungerecht.

Ich will dir (Ihnen) mal was (einmal etwas) sagen: . . .
Ich will dir (Ihnen) mal was (einmal etwas) sagen: Dieser Aufenthalt in den Vereinigten Staaten wird es dir (Ihnen) ermöglichen, das politische Leben in Amerika besser zu verstehen.

Ich möchte klarstellen, daß . . .
Ich möchte klarstellen, daß ich die Nachricht erst durch die (aus der) Presse erfahren habe.

Ich möchte betonen (hervorheben/unterstreichen), daß . . .
Ich möchte betonen (hervorheben/unterstreichen), daß dieser Brauch (diese Sitte) auch nicht auf das Mittelalter zurückgeht.

Ich kann ein Lied (Liedchen) davon singen. (= Ich habe schon viele [unangenehme] Erfahrungen damit gemacht.)

Ich bin der Ansicht (Meinung), daß . . . / Ich glaube (meine), daß . . .
Ich bin der Ansicht (Meinung), daß das Schlagwort (der Slogan) „Das Verbrechen macht sich nicht bezahlt" heutzutage (in der heutigen Zeit) immer zweifelhafter (fraglicher) wird.

jouer un rôle essentiel (important) dans qc. ....
L'automobile joue un rôle essentiel (important) dans l'existence des Français.

L

la cause profonde de qc. / les causes profondes de qc. ....
Les causes profondes des émeutes sont le racisme, le chômage, le manque d'argent et le désœuvrement.

La leçon à tirer de cela (à en tirer): . . . .
La leçon à tirer de cela (à en tirer): Les époux doivent être prêts à changer certaines de leurs habitudes.

La seule question est de savoir si (quand, qui, où, etc.) . . . .
Sur le plan économique, le tourisme est d'une importance capitale pour le pays. La seule question est de savoir si les touristes continueront à venir.

La solution la plus simple: . . . .
Que faire dans une telle situation? La solution la plus simple: s'adresser à la police.

Là, tu as (vous avez) raison. / Là, tu as (vous avez) tort. ....

laisser [beaucoup] à désirer ....
Sa culture générale laisse [beaucoup] à désirer.

laisser qc. de côté ....
Laissons ce détail de côté pour le moment.

Le but principal [de qc.] doit (devrait) consister à faire qc. ....
Le but principal [de cette diplomatie] doit (devrait) consister à tranquilliser et à stabiliser le marché mondial de l'énergie.

Le paradoxe de la situation est que . . . .
Le paradoxe de la situation est qu'elle le suit au Canada bien qu'il (quoiqu'il) l'ait rendue malheureuse.

eine wichtige Rolle spielen in (bei) etw.
Das Auto spielt eine wichtige Rolle im Leben der Franzosen.

der tiefere Grund für etw. / die tieferen Gründe für etw.
Die tieferen Gründe für die Unruhen (Krawalle) sind der Rassismus (Rassenhaß), die Arbeitslosigkeit, der Geldmangel und das Nichtstun (der Müßiggang/das Herumlungern).

Die Lehre, die man daraus ziehen sollte [ist die]: ...
Die Lehre, die man daraus ziehen sollte [ist die]: [Die] Eheleute müssen dazu bereit sein, gewisse (bestimmte/manche) Gewohnheiten zu ändern.

Es fragt sich nur, ob (wann, wer, wo usw.) ...
In wirtschaftlicher Hinsicht (Wirtschaftlich gesehen) ist der Tourismus (Fremdenverkehr) von größter (entscheidender) Bedeutung für das Land. Es fragt sich nur, ob die Touristen weiter (weiterhin) kommen werden.

Die einfachste Lösung [ist die]: ...
Was tun in einer solchen Situation (Lage)? Die einfachste Lösung [ist die]: sich an die Polizei wenden.

Da hast du (haben Sie) recht. / Da hast du (haben Sie) unrecht.

[sehr] zu wünschen übriglassen
Seine/Ihre Allgemeinbildung läßt [sehr] zu wünschen übrig.

etw. beiseite lassen
Lassen wir diese Einzelheit im Augenblick [einmal] beiseite.

Das Hauptziel [einer Sache] muß (sollte) darin bestehen, etw. zu tun.
Das Hauptziel [dieser Diplomatie] muß (sollte) darin bestehen, den Weltenergiemarkt zu beruhigen und zu stabilisieren.

Das Paradoxe (Widersinnige) an der Situation ist, daß ...
Das Paradoxe (Widersinnige) an der Situation ist, daß sie ihm nach Kanada folgt, obgleich/obwohl er sie unglücklich gemacht hat.

Les apparences sont trompeuses. ....
L'essentiel est que ... (subj.) ....
L'essentiel est que tu aies confiance en lui.
L'exception confirme la règle. ....
L'explication réside [sans doute/sans aucun doute] dans le fait que ... .
En 1980, les accidents mortels ont diminué de 30 % (30 pour cent). L'explication réside [sans doute/sans aucun doute] dans le fait que la plupart des gens ont mis leurs ceintures de sécurité.

l'idée directrice de qc. / l'idée de base de qc. ....
L'idée directrice (L'idée de base) de la Croix-Rouge est l'amour du prochain.
L'objectif [de qn] est (était) de faire qc. ....
L'objectif du mouvement est (était) d'améliorer la qualité de la vie.

Loin de là. ....
Tu sembles penser que cette affaire est tombée dans l'oubli. Loin de là.

M

Mais remarque (remarquez) bien ceci: ... .
Mais remarquez bien ceci: La France est deux fois plus grande que l'Allemagne fédérale.
mettre qc. en pratique ....
Ces idées sont tout à fait convaincantes en théorie, mais assez difficiles à mettre en pratique.
mettre l'accent sur qc. / souligner qc. ....
Les Européens ont mis l'accent sur (ont souligné) les inconvénients sérieux qui résultent de la politique économique des Japonais.

Der Schein trügt.
Die Hauptsache ist, daß . . .
Die Hauptsache ist, daß du Vertrauen zu ihm hast.
Die Ausnahme bestätigt die Regel.
Die Erklärung [dafür] liegt [wahrscheinlich/zweifellos] in der Tatsache [begründet], daß . . .
[In] 1980 sind die tödlichen Unfälle (die Unfälle mit tödlichem Ausgang) um 30% (30 Prozent) zurückgegangen. Die Erklärung [dafür] liegt [wahrscheinlich/zweifellos] in der Tatsache [begründet], daß die meisten Leute ihre Sicherheitsgurte angelegt haben.
der Leitgedanke des (der) . . . / der Grundgedanke des (der) . . .
Der Leitgedanke (Der Grundgedanke) des Roten Kreuzes ist die Nächstenliebe.
Das Ziel [des/der . . .] ist (war) es, etw. zu tun.
[Das] Ziel der Bewegung ist (war) es, die Lebensqualität zu verbessern.
Weit gefehlt. / Keineswegs. / Ganz und gar nicht.
Du scheinst zu glauben, daß diese Sache (Angelegenheit) in Vergessenheit geraten ist. Weit gefehlt (Keineswegs/Ganz und gar nicht).

Aber bedenke (bedenken Sie) bitte folgendes: . . .
Aber bedenken Sie bitte folgendes: Frankreich ist doppelt so groß wie die Bundesrepublik [Deutschland].
etw. in die Tat (Praxis) umsetzen / etw. realisieren
Diese Ideen sind theoretisch durchaus überzeugend, aber ziemlich schwierig zu realisieren (in die Tat/Praxis umzusetzen).
etw. betonen / etw. hervorheben / mit Nachdruck hinweisen auf etw.
Die Europäer haben mit Nachdruck auf die ernsten Folgen (wörtl.: Nachteile) hingewiesen, die sich aus der Wirtschaftspolitik der Japaner ergeben.

. . . mis(e,es) à part / à part . . .
Quelques privilégiés mis à part (A part quelques privilégiés), la plupart des gens commencent à ressentir la crise économique mondiale, pas seulement les chômeurs.

[Moi,] personnellement, je pense que . . .
[Moi,] personnellement, je pense que ce bruit est dénué de tout fondement.

Mon avis (opinion) est que . . . / Mon avis (opinion), c'est que . . .

Mon avis (opinion) est que/Mon avis (opinion), c'est que les grandes puissances devraient désarmer le plus vite possible.

N

. . . ne fait (font) que commencer.
Les difficultés ne font que commencer.

ne pas donner l'impression de faire (d'être) qc.
1 Elle ne donne pas l'impression de s'y connaître en comptabilité.
2 Il ne donne pas l'impression d'être un moniteur très expérimenté.

[ne pas] être conscient(e) de qc.
La majorité des alpinistes est consciente des problèmes que soulève cette saine activité.

[ne pas] être le seul/la seule à penser que
Il n'est pas le seul à penser que la lutte contre l'inflation est perdue d'avance.

ne pas pouvoir apporter de solution à qc.
Malheureusement, je ne peux pas apporter de solution à ce problème en ce moment.

ne rien avoir à objecter à qc.
Je n'ai rien à objecter à ce projet.

abgesehen von (außer/bis auf) . . .
Abgesehen von (Außer) einigen Privilegierten spüren die meisten Leute allmählich die Weltwirtschaftskrise, nicht nur die Arbeitslosen (wörtl.: . . . fangen die meisten Leute an, die . . . zu spüren).

Ich persönlich glaube, daß . . .
Ich persönlich glaube, daß dieses Gerücht jeglicher Grundlage entbehrt.

Ich bin der Ansicht (Meinung), daß . . . / Ich vertrete die Ansicht (Meinung), daß . . . / Meine Meinung ist die, daß . . .
Ich bin der Ansicht (Meinung)/Ich vertrete die Ansicht (Meinung)/ Meine Meinung ist die, daß die Großmächte möglichst schnell (so schnell wie möglich) abrüsten sollten.

. . . fängt (fangen) jetzt erst richtig an.
Die Schwierigkeiten fangen jetzt erst richtig an.

nicht [gerade] den Eindruck machen, als ob jd etw. tut (ist)
1 Sie macht nicht [gerade] den Eindruck, als ob sie sich mit Buchführung (Buchhaltung) auskennt.
2 Er macht nicht [gerade] den Eindruck, als ob er ein sehr erfahrener Fahrlehrer (Fluglehrer) ist.

sich einer Sache [nicht] bewußt sein
Die Mehrheit (Mehrzahl) der Bergsteiger ist sich der Probleme bewußt, die diese gesunde Tätigkeit (Betätigung) aufwirft / die mit dieser gesunden Tätigkeit (Betätigung) verbunden sind.

[nicht] der einzige/die einzige sein, der/die glaubt, daß
Er ist nicht der einzige, der glaubt, daß der Kampf gegen die Inflation aussichtslos (wörtl.: im voraus/von vornherein verloren) ist.

keine Lösung für etw. anzubieten haben
Leider habe ich im Augenblick (im Moment/zur Zeit) keine Lösung für dieses Problem anzubieten.

nichts einzuwenden haben gegen etw.
Ich habe nichts gegen diesen Plan (dieses Projekt) einzuwenden.

ne rien avoir à voir avec qc. (qn)
1 Mon départ n'a rien à voir avec Brigitte (avec ce scandale).
2 Cela (Ça) n'a rien à voir avec cela (ça).

ne rien avoir contre qc. (qn)
Je n'ai rien contre les noirs (contre les manifestations).

O

On a du mal à imaginer ce que ...
On a du mal à imaginer ce que cela représente comme travail, comme recherche et comme investissements.

On ne sait jamais.

On peut dire d'une façon générale que ...
On peut dire d'une façon générale que les problèmes sociaux vont s'aggraver dans les prochaines années.

On peut en conclure que ...
On peut en conclure que le nouveau ministre de l'Intérieur a étudié ce projet à fond.

On pourrait multiplier les exemples.

une opinion préconçue
Ce que vous venez de dire n'est qu'une opinion préconçue.

une opinion sur qc.
Mon opinion sur ce sujet ne concerne que moi.

Où veux-tu (voulez-vous) en venir?

ouvrir des (ne pas ouvrir de) perspectives nouvelles pour qc.
Il me semble que les négociations n'ont pas ouvert de perspectives nouvelles pour une solution rapide de la crise.

nichts mit etw. (jm) zu tun haben
1 Meine Abreise hat nichts mit Brigitte (mit diesem Skandal) zu tun.
2 Das hat nichts damit zu tun.

nichts haben gegen etw. (jn)
Ich habe nichts gegen Schwarze/die Schwarzen (gegen Demonstrationen/Kundgebungen).

Man kann sich kaum (nur schwer) vorstellen, was ...
Man kann sich kaum (nur schwer) vorstellen, was das an Arbeit, an Forschung und an Investitionen bedeutet.

Man kann nie wissen.

Man kann ganz allgemein sagen, daß ...
Man kann ganz allgemein sagen, daß die sozialen Probleme in den nächsten Jahren zunehmen (wörtl.: sich verschlimmern) werden.

Man kann daraus schließen, daß ...
Man kann daraus schließen, daß der neue Innenminister diesen Plan (dieses Projekt) gründlich studiert hat.

Man könnte die Beispiele [noch] beliebig vermehren. / Man könnte noch viele [weitere] Beispiele bringen (anführen).

eine vorgefaßte Meinung
Was Sie gerade (soeben) gesagt haben, ist nur (nichts [anderes] als) eine vorgefaßte Meinung.

eine Meinung über (zu) etw.
Meine Meinung dazu (zu dieser Sache) geht nur mich etwas an.

Worauf willst du (wollen Sie) hinaus? (= Was willst du/wollen Sie damit sagen?)

neue (keine neuen) Gesichtspunkte/Aspekte für etw. bringen (erbringen)
Die Verhandlungen haben anscheinend keine neuen Gesichtspunkte / Aspekte für eine rasche (baldige) Beendigung (Lösung) der Krise gebracht (erbracht). (wörtl.: Es scheint mir, daß die Verhandlungen ...)

P

par conséquent ....
Elle est sortie à trois heures et demie, comme d'habitude. Par conséquent elle devait encore être chez elle vers trois heures.

par contre ....
Les bombardements n'ont fait que deux morts et une dizaine de blessés. Par contre, les dégâts matériels sont importants.

par rapport à qc. ....
La consommation de tabac dans le monde a augmenté (diminué) de 3,5 % (trois virgule cinq pour cent) par rapport à l'année précédente.

partager un avis (une opinion) ....
1 Vous ne semblez pas partager cet avis (cette opinion).
2 Les avis (opinions) sont partagé(e)s [sur cette question].

1 participer à qc.
2 prendre part à qc. ....
1 Presque tous les ouvriers de l'entreprise ont participé à la manifestation.
2 Beaucoup d'invités ont pris part à la cérémonie d'inauguration de la nouvelle maison de retraite.

Pas que je sache. ....
[Est-ce qu']elle a vécu au-dessus de ses moyens? — Pas que je sache.

Passons [maintenant] à qc. ....
Passons [maintenant] à la deuxième question (au point 3 de l'ordre du jour).

Point important, ...
Point important, il me paraît difficile de tirer des conclusions avec si peu de données.

folglich / infolgedessen / daher
Sie ist, wie gewöhnlich (wie sonst [auch]), um halb vier weggegangen (ausgegangen). Folglich (Infolgedessen/Daher) muß sie gegen drei Uhr noch zu Hause gewesen sein.

dagegen / hingegen / dafür
Die Bombenangriffe (Luftangriffe) haben nur zwei Todesopfer und etwa (an die) zehn Verletzte gefordert. Dagegen (Hingegen/Dafür) sind die Sachschäden beträchtlich.

im Vergleich zu etw. / im Verhältnis zu etw. / verglichen mit etw.
Der Tabakverbrauch (Tabakkonsum) auf der Welt ist im Vergleich zum Vorjahr (vorhergehenden Jahr) um 3,5% (drei Komma fünf Prozent) gestiegen (gesunken/gefallen/zurückgegangen).

eine Meinung teilen
1 Sie scheinen diese Meinung nicht zu teilen.
2 Die Meinungen sind geteilt [in dieser Frage].

1 teilnehmen an etw. / sich beteiligen an etw. (drückt ein aktives Mitwirken aus)
2 teilnehmen an etw. (drückt ein Dabeisein oder eine innere Teilnahme aus)
1 Fast alle Arbeiter des Betriebs (Werks/Unternehmens) haben an der Demonstration (Kundgebung) teilgenommen.
2 Viele [geladene] Gäste haben an der Einweihungsfeier des neuen Altersheims teilgenommen.

Nicht daß ich wüßte.
Hat sie über ihre Verhältnisse gelebt? — Nicht daß ich wüßte.

Kommen wir [nun/jetzt] zu etw. / Gehen wir [nun/jetzt] zu etw. über.
Kommen wir [nun/jetzt] zur zweiten Frage (zu Punkt 3 der Tagesordnung).

[Hier] noch ein wichtiger Punkt: ...
[Hier] noch ein wichtiger Punkt: Es scheint (erscheint) mir schwierig, bei so wenig Daten (Angaben) [irgendwelche] Schlüsse (Schlußfolgerungen) zu ziehen.

porter sur qc.
Le gouvernement a adopté une loi portant sur (qui porte sur) une obligation de visa pour les ressortissants turcs.

porter un jugement sur qc. (qn)
Je ne peux pas encore porter un jugement sur lui après si peu de temps.

poser un problème
Beaucoup de jeunes gens ne veulent plus partir en vacances avec leurs parents, ce qui pose pas mal de problèmes.

pour ainsi dire
Il est pour ainsi dire un mari modèle.

[Pour] autant que l'on sache, ...
[Pour] autant que l'on sache, on a pris des mesures pour protéger tous les membres du gouvernement.

Pour ma part, je ...
Pour ma part, je ne m'intéresse pas particulièrement à (je ne suis pas particulièrement intéressé(e) par) ce genre de musique.

Pour ne citer qu'un exemple: ...

..., pour parler ouvertement, ...
J'estime que toute la conduite de cet homme est scandaleuse et, pour parler ouvertement, criminelle.

prendre qc. (qn) au sérieux / prendre qc. à la légère
Il existe actuellement un chômage élevé qu'il faut prendre au sérieux (qu'il ne faut pas prendre à la légère).

prendre conscience de qc. / prendre conscience du fait que (de ce que)
1 Il faut enfin prendre conscience des limites de la science.
2 Notre société de consommation commence à prendre conscience du fait que (de ce que) les années d'abondance sont définitivement passées.

sich beziehen auf etw. / etw. betreffen / gehen um etw. bei etw.
Die Regierung hat ein Gesetz verabschiedet, bei dem es um einen Visumzwang für türkische Staatsangehörige geht/das einen Visumzwang für türkische Staatsangehörige betrifft.

ein Urteil abgeben über etw. (jn)
Ich kann nach so kurzer Zeit noch kein Urteil über ihn abgeben.

ein Problem aufwerfen (mit sich bringen)
Viele junge Leute wollen nicht mehr mit ihren Eltern in Ferien (Urlaub) fahren, was eine ganze Menge Probleme aufwirft (mit sich bringt).

sozusagen
Er ist sozusagen ein Mustergatte.

Soweit bekannt ist, . . . (wörtl.: Soweit man weiß, . . .)
Soweit bekannt ist, hat man Maßnahmen ergriffen, um alle Mitglieder der Regierung zu schützen.

Ich für meinen Teil . . .
Ich für meinen Teil interessiere mich nicht besonders für diese (bin nicht besonders interessiert an dieser) Art von Musik.

Um nur ein Beispiel anzuführen (zu nennen): . . .

. . . , um es [ganz] offen zu sagen, . . .
Ich bin der Ansicht (Meinung), daß das ganze Benehmen (Verhalten) dieses Mannes skandalös (empörend) und, um es [ganz] offen zu sagen, kriminell (verbrecherisch) ist.

etw. (jn) ernst nehmen / etw. leicht (auf die leichte Schulter) nehmen
Es gibt (Wir haben) zur Zeit (gegenwärtig) eine hohe Arbeitslosigkeit, die man ernst nehmen muß (die man nicht leicht / auf die leichte Schulter nehmen darf).

sich einer Sache bewußt werden / sich der Tatsache bewußt werden, daß
1 *Man muß sich endlich der Grenzen der Wissenschaft bewußt werden.*
2 *Unsere Konsumgesellschaft wird sich allmählich der Tatsache bewußt, daß die Jahre des Überflusses endgültig vorbei (vorüber) sind.*

prendre des mesures visant (qui visent) à qc. ....
Le Conseil des ministres a pris une série de mesures visant (qui visent) à l'amélioration de la sécurité routière.

prendre qc. en considération ....
La Société refuse totalement de prendre en considération cet aspect du problème du chômage.

prendre en considération que ....
Il faut prendre en considération qu'il s'agit d'un travail extrêmement pénible.

Prenons [par exemple] le cas de qn ....
Prenons [par exemple] le cas de cet étudiant en médecine, Daniel Giraud.

présenter un argument / réfuter un argument ....
Elle a présenté un argument qui n'est pas facile à réfuter.

Q

Qu'est-ce que tu veux (vous voulez) dire par là? ....
une question se pose ....
Si l'on interprète à la lettre cet article du code de la route, deux questions se posent (vont se poser): . . .

Quoi qu'il en soit, ...
Quoi qu'il en soit, il doit y avoir du vrai là-dedans.

R

Rappelons brièvement . . . .
Rappelons brièvement les caractéristiques principales du nouveau produit.

Maßnahmen ergreifen, die abzielen auf etw.
Der Ministerrat hat eine Reihe von Maßnahmen ergriffen, die auf eine Erhöhung (wörtl.: Verbesserung) der Verkehrssicherheit abzielen.

etw. berücksichtigen / etw. in Betracht (Erwägung) ziehen
Die Gesellschaft (Firma) lehnt es rundweg ab, diesen Aspekt (diese Seite) des Arbeitslosenproblems zu berücksichtigen.

berücksichtigen, daß / in Betracht ziehen, daß
Man muß berücksichtigen, daß es sich um eine äußerst mühsame Arbeit handelt.

Nehmen wir [zum Beispiel/beispielsweise] [einmal] den Fall des/ der . . .
Nehmen wir [zum Beispiel/beispielsweise] [einmal] den Fall dieses Medizinstudenten Daniel Giraud.

ein Argument vorbringen / ein Argument widerlegen
Sie hat ein Argument vorgebracht, das nicht leicht zu widerlegen ist.

Was willst du (wollen Sie) damit sagen?

eine Frage erhebt sich/stellt sich
Wenn man diesen Paragraphen der Straßenverkehrsordnung wörtlich (wortwörtlich) interpretiert (auslegt/deutet), erheben sich zwei Fragen: . . .

Wie dem auch sei, . . . / Jedenfalls . . .
Wie dem auch sei, es muß etwas Wahres daran sein. / Jedenfalls muß etwas Wahres daran sein.

Vergegenwärtigen wir uns [noch einmal] kurz . . .
Vergegenwärtigen wir uns [noch einmal] kurz die Hauptmerkmale des neuen Produkts.

remettre qc. en question ....
Beaucoup d'aspects du soi-disant bon vieux temps sont remis en question aujourd'hui.

remonter aux causes [de qc.] ....
En règle générale, on ne peut pas supprimer les effets sans remonter aux causes.

remuer ciel et terre pour faire qc. ....
J'ai remué ciel et terre pour obtenir sa permission.

résoudre un problème ....
Ils ont résolu le problème de la façon (manière) suivante: D'abord ils ont . . . Ensuite . . . Finalement . . .

Reste à savoir si (qui, quand, où, pourquoi, etc.) . . . .
Le gouvernement britannique prétend avoir fait de son mieux. Reste à savoir s'il est sur la bonne voie.

Reste une question: . . . .
Reste une question: Pourquoi les constructeurs — qui ont reconnu l'efficacité de ces dispositifs — ne les installent-ils pas en série?

résulter de qc. ....
1 La crise économique actuelle résulte notamment de la politique des prix de l'Organisation des pays exportateurs de pétrole (l'O-pep).
2 Il en résulte que le chauffage électrique d'un appartement gaspille de l'énergie.
3 Deux (trois, etc.) conclusions en résultent: . . .

etw. in Frage stellen
Viele Aspekte der sogenannten guten alten Zeit werden heute (heutzutage) in Frage gestellt.

den Ursachen [von etw.] nachgehen/die Ursachen [von etw.] aufspüren
In der Regel (Im allgemeinen) kann man nicht die Folgen (Wirkungen/Auswirkungen) beseitigen, ohne den Ursachen nachzugehen / die Ursachen aufzuspüren.

Himmel und Hölle (Alle Hebel) in Bewegung setzen, um etw. zu tun
Ich habe Himmel und Hölle (alle Hebel) in Bewegung gesetzt, um seine/ihre Erlaubnis zu bekommen (erhalten).

ein Problem lösen
Sie haben das Problem folgendermaßen (auf [die] folgende Weise) gelöst: Zuerst haben sie . . . Dann (Danach) . . . Schließlich . . .

Jetzt fragt sich nur noch/Jetzt bleibt nur noch die Frage offen/Es fragt sich nur, ob (wer, wann, wo, warum, usw.) . . .
Die britische Regierung behauptet (versichert), ihr Bestes (möglichstes) getan zu haben. Jetzt fragt sich nur noch/Jetzt bleibt nur noch die Frage offen/Es fragt sich nur, ob sie auf dem richtigen Wege ist.

Eine Frage bleibt noch offen: . . . / Bleibt noch eine Frage: . . .
Eine Frage bleibt noch offen/Bleibt noch eine Frage: Warum bauen die Hersteller — die den Nutzeffekt dieser Vorrichtungen erkannt haben — sie nicht serienmäßig ein?

sich ergeben aus etw. / folgen (hervorgehen) aus etw.
1 Die gegenwärtige Wirtschaftskrise ergibt sich besonders (vor allem/in erster Linie) aus der Preispolitik der Organisation Erdöl exportierender Länder (Opec).
2 Daraus folgt (geht hervor), daß die elektrische Beheizung einer Wohnung Energieverschwendung ist (wörtl.: Energie verschwendet/vergeudet).
3 Zwei (Drei, usw.) Schlußfolgerungen ergeben sich daraus: . . .

revenir à (sur) qc. ....
1 Je voudrais revenir à (sur) ce que M. Fourchon (Mme . . . / Mlle . . .) a dit [tout à l'heure].
2 Je voudrais revenir sur un point qui me semble important.
3 J'y reviendrai.
4 Pour en revenir à (Pour revenir sur) ce que vous avez dit [à propos de la crise du logement], il y a tout de même deux fois plus de logements aujourd'hui qu'il y a cinq ans.

revêtir (prendre) une importance particulière ....
Pour une voiture qualifiée d'économique, la consommation revêt (prend) évidemment une importance particulière.

Rien n'est plus simple [en effet] que de faire qc. ....
Rien n'est plus simple [en effet] que d'écrire une lettre anonyme.

S

s'améliorer / se détériorer ....
Les conditions de vie de ces peuples ne cessent [pas] de s'améliorer/se détériorer.

s'avérer qc./ s'avérer que ....
1 Les économies d'énergie s'avèrent de plus en plus indispensables.
2 Il s'est avéré que les femmes sont plus douées pour les langues que les hommes.

savoir qc. par expérience ....
Je sais par expérience combien il est difficile d'être objectif.

noch [einmal] zurückkommen auf etw. / noch [einmal] zu sprechen kommen auf etw.
1 Ich möchte [noch einmal] auf das zurückkommen, was Herr Fourchon (Frau . . . /Fräulein . . .) [eben/vorhin] gesagt hat.
2 Ich möchte [noch einmal] auf einen Punkt zurückkommen, der mir wichtig scheint.
3 Ich werde noch darauf zurückkommen (darauf zu sprechen kommen).
4 Um [noch einmal] auf das zurückzukommen, was Sie [über die Wohnungsnot] gesagt haben, es gibt immerhin heute doppelt so viele Wohnungen wie vor fünf Jahren.

eine besondere Bedeutung gewinnen / von besonderer Bedeutung sein
Bei einem Wagen, der als wirtschaftlich (sparsam) bezeichnet wird, gewinnt der Verbrauch natürlich eine besondere Bedeutung / ist der Verbrauch natürlich von besonderer Bedeutung.

Nichts ist [in der Tat] einfacher, als etw. zu tun.
Nichts ist [in der Tat] einfacher, als einen anonymen Brief zu schreiben.

sich verbessern (besser werden) / sich verschlechtern (schlechter werden)
Die Lebensbedingungen dieser Völker werden ständig besser/ schlechter (wörtl.: hören nicht auf, besser/schlechter zu werden).

sich erweisen als etw./ sich erweisen (herausstellen/zeigen), daß
1 [Die] Energieeinsparungen erweisen sich in steigendem Maße als unerläßlich (erweisen sich als immer unerläßlicher).
2 Es hat sich erwiesen (herausgestellt/gezeigt), daß [die] Frauen sprachbegabter sind als [die] Männer.

etw. aus Erfahrung wissen
Ich weiß aus Erfahrung, wie schwer (schwierig) es ist, objektiv (sachlich) zu sein.

se dégager de qc.
Dans l'ensemble, les Français pensent plus à leurs morts qu'à leur propre mort. C'est l'idée qui se dégage d'une enquête réalisée du 5 au 19 juin.

se diviser en qc.
1 Le roman se divise en quatre parties.
2 Dans leur attitude à l'égard du travail, les gens se divisent en deux groupes distincts.

se donner pour objectif de faire qc.
Ils se sont donné pour objectif d'aider les pays sous-développés à s'aider eux-mêmes.

se faire une opinion [sur qc./qn]
Je me suis déjà fait une opinion [sur la situation/sur lui] quand j'ai parlé avec lui pour la première fois.

se former un jugement [définitif] sur qc. (qn)
Les météorologues ne se sont pas encore formé de jugement définitif sur la multiplication des périodes de sécheresse au Sahel pendant les années 70.

se prononcer contre (pour/en faveur de) qc. (qn)
Dans le courant de la discussion elle s'est prononcée pour (en faveur de) l'ouverture immédiate de négociations.

se rendre compte de qc.
Il faut se rendre compte de l'importance économique et sociale du tourisme dans cette région.

se résumer en une [seule] formule (en un [seul] mot/en une [seule] phrase)
Le contenu de ce discours se résume en une [seule] phrase: «Une hirondelle ne fait pas le printemps.»

selon
Selon les journaux, le premier ministre aurait déjà démissionné hier soir.

..., selon le cas.
Nous ne nous voyons qu'une ou deux fois par semaine, selon le cas.

hervorgehen aus etw. / sich herauskristallisieren aus etw.
Alles in allem denken die Franzosen mehr an ihre Toten als an ihren eigenen Tod. Das ist das Bild/der Eindruck, das/der aus einer Umfrage hervorgeht (das/der sich aus einer Umfrage herauskristallisiert), die vom 5. bis 19. Juni durchgeführt wurde.

sich gliedern in etw. / sich einteilen lassen in etw.
1 Der Roman gliedert sich in vier Teile.
2 Von ihrer Einstellung zur Arbeit her lassen sich die Menschen in zwei verschiedene Gruppen einteilen.

sich das Ziel setzen (sich vornehmen), etw. zu tun
Sie haben sich das Ziel gesetzt (sich vorgenommen), den unterentwickelten Ländern zu helfen, sich selbst zu helfen.

sich eine Meinung/ein Urteil bilden [über etw./jn]
Ich habe mir schon ein Urteil [über die Lage/über ihn] gebildet, als ich zum ersten Mal mit ihm gesprochen habe.

sich ein [endgültiges] Urteil bilden über etw. (jn)
Die Meteorologen haben sich noch kein endgültiges Urteil über die Häufung von (Zunahme der) Dürreperioden in der Sahelzone in den siebziger Jahren gebildet.

sich gegen (für) etw. (jn) aussprechen
Im Verlauf der Diskussion hat sie sich für die sofortige Aufnahme von Verhandlungen ausgesprochen.

sich etw. klarmachen
Man muß sich [einmal] die wirtschaftliche und gesellschaftliche Bedeutung des Tourismus in diesem Gebiet klarmachen.

sich mit einer [einzigen] Formel (einem [einzigen] Wort/einem [einzigen] Satz) zusammenfassen lassen
Der Inhalt dieser Rede läßt sich mit einem [einzigen] Satz zusammenfassen: „Eine Schwalbe macht noch keinen Sommer."

nach ... / ... zufolge
Nach den Zeitungen/Den Zeitungen zufolge soll der Premierminister schon (bereits) gestern abend zurückgetreten sein.

... , je nachdem.
Wir sehen (treffen) uns nur ein oder zweimal in der Woche (pro Woche/jede Woche), je nachdem.

. . . , si j'ai bonne mémoire./ . . . , si je ne me trompe.
Il a fait des recherches en psychologie appliquée, si j'ai bonne mémoire/si je ne me trompe.

Si j'étais à ta (votre) place, je ferais qc.
Si j'étais à ta (votre) place, je ferais semblant de ne pas la connaître.

. . . , si j'ose dire, . . .
Il a obtenu la place (le poste) parce que, si j'ose dire, il a des relations.

Si la tendance actuelle se poursuit, . . .
Si la tendance actuelle se poursuit, nous aurons une crise du logement dans quelques années.

. . . , si on (l'on) en croit les sondages (les journaux, les rumeurs, etc.).
Une victoire de Fouliard n'est pas du tout invraisemblable, si on (l'on) en croit les sondages.

Si on (l'on) récapitule brièvement, on voit que . . .
Si on (l'on) récapitule brièvement, on voit qu'en dépit de son âge, la Citroen CX se trouve largement au niveau de ses concurrents.

signaler à qn que / faire remarquer à qn que
Je vous signale (Je vous fais remarquer) que c'est de l'énergie dépensée en pure perte.

— soit dit en passant —
Les investissements privés — soit dit en passant — se montent (s'élèvent) à plus de trois milliards par an selon nos estimations.

sous prétexte que
Elle n'a rien voulu préciser, sous prétexte qu'elle avait promis le secret.

. . . , wenn ich mich recht entsinne (erinnere). / . . . , wenn ich mich nicht irre.
Er hat Forschungen in angewandter Psychologie betrieben, wenn ich mich recht entsinne (erinnere) / wenn ich mich nicht irre.

Wenn ich an deiner (Ihrer) Stelle wäre, würde ich etw. tun.
Wenn ich an deiner (Ihrer) Stelle wäre, würde ich so tun, als ob ich sie nicht kennte.

. . . , wenn ich [einmal/mal] so sagen darf, . . .
Er hat die Stelle bekommen, weil er, wenn ich [einmal/mal] so sagen darf, Beziehungen hat.

Wenn die gegenwärtige Tendenz anhält, . . .
Wenn die gegenwärtige Tendenz anhält, werden wir in einigen Jahren eine Wohnungsnot haben.

. . . , wenn man den Meinungsumfragen (den Zeitungen, den Gerüchten, usw.) glauben (Glauben schenken) darf.
Ein Sieg Fouliards ist keineswegs unwahrscheinlich, wenn man den Meinungsumfragen glauben (Glauben schenken) darf.

Wenn man [noch einmal] kurz zusammenfaßt, stellt man fest (sieht man), daß . . .
Wenn man [noch einmal] kurz zusammenfaßt, stellt man fest (sieht man), daß der Citroen CX trotz seines Alters gut und gern (voll und ganz) auf dem [technischen] Niveau seiner Konkurrenten steht.

jn darauf hinweisen, daß
Ich weise Sie darauf hin, daß das sinnlos vergeudete (verschwendete/verpulverte) Energie ist. (wörtl.: . . . Energie, die als reiner Verlust aufgewandt wird.)

— nebenbei bemerkt (gesagt) —
Die privaten (privatwirtschaftlichen) Investitionen belaufen sich — nebenbei bemerkt (gesagt) — nach unseren Schätzungen auf mehr als drei Milliarden im Jahr (pro Jahr/jährlich).

unter dem Vorwand, daß
Sie hat nichts Genaueres sagen wollen unter dem Vorwand, daß sie versprochen hätte, nichts zu sagen (verraten). (wörtl.: . . . , daß sie die Geheimhaltung versprochen hätte.)

sous-estimer qc. (qn) / surestimer qc. (qn) ....
1 Ne sous-estimez pas cet homme. Il est extrêmement intelligent.
2 Vous surestimez ce genre de travail énormément. C'est simple comme bonjour.

soutenir [en effet/au contraire] que ....
Excusez-moi, mais je n'ai pas dit cela. Je soutiens, au contraire, que l'électeur est un citoyen majeur, qui doit être traité comme tel.

supporter [aisément] la comparaison avec qc. ....
Les modèles que nous fabriquons supportent [aisément] la comparaison avec ceux des autres pays producteurs.

Supposons que . . . (subj.) ....
Supposons que tes (vos) inquiétudes soient fondées — et après!

sur le plan politique (juridique, scientifique, etc.) / au (du) point de vue politique (juridique, scientifique, etc.) ....
Sur le plan (Au/Du point de vue) juridique, il a d'ailleurs tout à fait raison.

surmonter une difficulté ....
C'est un premier pas pour surmonter les difficultés.

surtout / avant tout ....
Il faut surtout (avant tout) prendre en considération le fait que les prix augmentent sans cesse.

T

Théoriquement . . . .
Théoriquement l'offre correspond à la demande, mais la réalité économique est beaucoup plus complexe.

tirer qc. au clair / tirer au clair qui (quand, où, etc.) ....
Je ne suis pas encore arrivé(e) à tirer au clair la cause de la panne.

etw. (jn) unterschätzen / etw. (jn) überschätzen
1 Unterschätzen Sie diesen Mann nicht. Er ist äußerst intelligent.
2 Sie überschätzen diese Art von Arbeit gewaltig. Das ist kinderleicht.

[in der Tat/im Gegenteil] behaupten, daß
Entschuldigen Sie, aber das habe ich nicht gesagt. Ich behaupte im Gegenteil, daß der Wähler ein mündiger Staatsbürger (Bürger) ist, der als solcher behandelt werden muß.

den Vergleich mit etw. [wirklich] nicht zu scheuen brauchen (wörtl.: den Vergleich mit etw. [leicht] aushalten)
Die Modelle, die wir herstellen, brauchen den Vergleich mit denen der anderen Herstellerländer [wirklich] nicht zu scheuen.

Nehmen wir [einmal] an, . . . / Setzen wir [einmal] den Fall, . . . / Angenommen, . . .
Nehmen wir [einmal] an/Setzen wir [einmal] den Fall/Angenommen, deine (Ihre) Sorgen sind begründet — na und (na wenn schon)!

in politischer (juristischer, wissenschaftlicher, usw.) Hinsicht / politisch (juristisch, wissenschaftlich, usw.) gesehen
In juristischer Hinsicht/Juristisch gesehen hat er übrigens völlig recht.

eine Schwierigkeit überwinden
Das ist ein erster Schritt, um die Schwierigkeiten zu überwinden.

besonders (vor allem)
Man muß (Wir müssen) besonders (vor allem) berücksichtigen (in Betracht ziehen), daß die Preise ständig steigen.

Theoretisch . . .
Theoretisch entspricht das Angebot der Nachtrage, aber die wirtschaftliche Realität ist viel komplexer.

etw. klären (aufklären) / klären (aufklären), wer (wann, wo usw.)
Es ist mir noch nicht gelungen, die Ursache der Panne zu klären.

tirer une conclusion de qc. ....
   Quelle conclusion peut-on tirer de sa conduite (peut-on en tirer)?

Toujours est-il que . . . .
   Je ne sais pas si on peut compter sur lui. Toujours est-il qu'il fait de son mieux.

Tout laisse supposer que . . . / Tout porte à croire que . . . .
   Tout laisse supposer que/Tout porte à croire que dans deux ans la croissance économique sera arrivée au point zéro.

traiter qc. sommairement ....
   Je ne pourrai traiter ce problème que sommairement.

Tu as (Vous avez) [tout à fait/entièrement] raison (tort) en disant que . . . .
   Vous avez [tout à fait/entièrement] raison (tort) en disant que tout va changer.

U

Un problème (Le problème suivant) se pose [donc] [à qn]: ....
   Le problème suivant se pose [donc] [aux dirigeants]: Doivent-ils, oui ou non, autoriser des syndicats libres?

Une chose est certaine (sûre): . . . .
   Une chose est certaine (sûre): Le niveau de vie dans ces pays a nettement baissé (a nettement monté).

V

. . . , voilà ce qui compte! ....
   [Il faut] faire son devoir, voilà ce qui compte!

vouloir dire par qc. / vouloir dire par là ....
   Que voulez-vous dire par là? — Je veux dire par là que nous sommes nettement défavorisé(e)s.

einen Schluß (eine Schlußfolgerung) ziehen aus etw.
Welchen Schluß (Welche Schlußfolgerung) kann man aus seinem/ihrem Verhalten (Benehmen) ziehen (kann man daraus ziehen)?

Jedenfalls steht fest, daß . . .
Ich weiß nicht, ob man sich auf ihn verlassen kann (ob er zuverlässig ist). Jedenfalls steht fest, daß er sein Bestes (möglichstes) tut.

Alles läßt darauf schließen, daß . . .
Alles läßt darauf schließen, daß das Wirtschaftswachstum in zwei Jahren am Nullpunkt angekommen (angelangt) sein wird.

etw. summarisch (knapp/gedrängt) behandeln (abhandeln)
Ich werde dieses Problem nur summarisch (knapp/gedrängt) behandeln (abhandeln) können.

Du hast (Sie haben) [völlig] recht (unrecht), wenn du sagst (Sie sagen), daß . . .
Sie haben [völlig] recht (unrecht), wenn Sie sagen, daß sich alles ändern wird (daß alles anders werden wird).

Ein Problem/Eine Frage (Folgendes Problem/Folgende Frage) erhebt sich [also] [für jn]: . . .
Folgendes Problem (Folgende Frage) erhebt sich [also] [für die Machthaber]: Sollen sie freie Gewerkschaften erlauben (gestatten/genehmigen) oder nicht?

Eins (Eines) steht fest: . . .
Eins (Eines) steht fest: Der Lebensstandard in diesen Ländern ist eindeutig gesunken (ist eindeutig gestiegen).

. . . , darauf kommt es an!
[Man muß] seine Pflicht tun, darauf kommt es an!

meinen (sagen wollen) mit etw. / damit meinen (sagen wollen)
Was meinen Sie damit? (Was wollen Sie damit sagen?) — Ich meine damit (Ich will damit sagen), daß wir eindeutig benachteiligt sind.

Formulierungen zum organisatorischen Ablauf von Konferenzen und Sitzungen

le président (la présidente) d'un congrès/d'une assemblée (d'une réunion)/d'une conférence/d'une séance

der Vorsitzende/Leiter (die Vorsitzende/Leiterin) eines Kongresses (einer Tagung)/einer Versammlung/einer Konferenz/einer Sitzung

les participants (les participantes) d'un congrès/...

die Teilnehmer (die Teilnehmerinnen) eines Kongresses/...

les délégué(e)s

die Delegierten

participer à un congrès/...

an einem Kongreß/... teilnehmen

convoquer une assemblée (une réunion)/une conférence/une séance pour 9.00 h (neuf heures)

eine Versammlung/eine Konferenz/eine Sitzung für neun Uhr einberufen

ouvrir le congrès/...

den Kongreß/... eröffnen

avoir atteint le quorum / être en nombre suffisant [pour voter]

beschlußfähig sein

un point [de (figurant à) l'ordre du jour]

ein Punkt [der Tagesordnung] / ein Tagesordnungspunkt

figurer à l'ordre du jour

auf der Tagesordnung stehen

inscrire un point à l'ordre du jour

einen Punkt auf die Tagesordnung setzen

rayer un point de l'ordre du jour

einen Punkt von der Tagesordnung streichen

adopter l'ordre du jour

die Tagesordnung annehmen

Passons au point 5 (à la discussion du point 5) de l'ordre du jour.

Wir kommen [jetzt/nun] zu (Kommen wir [jetzt/nun] zu) Punkt 5 der Tagesordnung. / Gehen wir [jetzt/nun] zu Punkt 5 der Tagesordnung über.

rédiger le procès-verbal	*das Protokoll führen*
inscrire qc. au procès-verbal	*etw. in das Protokoll aufnehmen*
donner lecture du procès-verbal	*das Protokoll verlesen*
poser une question concernant le (au sujet du) règlement	*eine Frage zur Geschäftsordnung stellen*
observer le règlement	*die Geschäftsordnung einhalten*
faire objection / formuler (élever) une objection à la façon de procéder	*einen Einwand gegen die Verfahrensweise erheben*
accepter une objection	*einem Einwand stattgeben*
rejeter (repousser) une objection	*einen Einwand zurückweisen*
ajourner la conférence (la séance) à la semaine prochaine (d'une semaine)	*die Konferenz (die Sitzung) auf die nächste Woche vertagen*
lever (terminer) la séance	*die Sitzung aufheben (schließen)*
terminer le congrès/...	*den Kongreß/... schließen*
demander que qc. soit fait(e)	*beantragen, daß etw. getan wird*
déposer (présenter) une motion (une motion d'ordre)	*einen Antrag (einen Antrag zur Geschäftsordnung) stellen/ einbringen*
adopter une motion	*einen Antrag annehmen*
rejeter (repousser) une motion	*einen Antrag ablehnen*
participer à (prendre part à) une discussion	*sich an einer Diskussion beteiligen*
lever la main / demander la parole	*die Hand heben (sich zu Wort melden)/um das (ums) Wort bitten*
prendre la parole	*das Wort ergreifen*
donner la parole à qn	*jm das Wort erteilen*
retirer la parole à qn	*jm das Wort entziehen*
tenir une liste des orateurs	*eine Rednerliste führen*

être pour/contre une motion	*für/gegen einen Antrag sein*
voter [une motion]	*abstimmen [über einen Antrag]*
faire voter [qc.]	*abstimmen lassen [über etw.]*
voter cela	*darüber abstimmen*
voter pour/contre qc. (qn)	*für/gegen etw. (jn) stimmen*
voter pour / voter contre	*dafür stimmen/dagegen stimmen*
voter au scrutin secret	*in geheimer Wahl abstimmen*
voter par appel nominal	*namentlich abstimmen*
être prêt(e) au vote (au scrutin/à voter)	*zur Abstimmung bereit sein*
décider d'une motion	*über einen Antrag entscheiden*
s'abstenir [de voter]	*sich der Stimme enthalten*
donner sa voix (son vote/son suffrage)	*seine Stimme abgeben*
15 voix (votes/suffrages) pour, 12 contre et 7 abstentions	*15 Stimmen dafür, 12 dagegen und 7 Enthaltungen*
compter les voix (votes/suffrages)	*die Stimmen zählen*
La motion est (a été) adoptée [à l'unanimité].	*Der Antrag ist [einstimmig] angenommen.*
La motion est (a été) rejetée (repoussée) [par 23 voix contre 12].	*Der Antrag ist [mit 23 zu 12 Stimmen] abgelehnt.*
Le vote (Le scrutin) a abouti à une parité des voix.	*Die Abstimmung hat Stimmengleichheit ergeben.*
demander un nouveau dépouillement [des votes/du scrutin].	*eine nochmalige Zählung (Auszählung) [der Stimmen] verlangen*
voter encore une fois (une deuxième/seconde fois)	*noch einmal abstimmen*
adopter une résolution [à l'unanimité]	*[einstimmig] einen Beschluß fassen/eine Resolution verabschieden*

Deutsches Register der Übersetzungen

Das deutsche Register erfaßt nur die halbfett gedruckten Kernwendungen aus dem *Diskussionswortschatz*, nicht aber das Sprachmaterial aus den Anwendungsbeispielen und die *Formulierungen zum organisatorischen Ablauf von Konferenzen und Sitzungen*.

A

abgeben: seine Meinung ~ 27; ein Urteil ~ über etw. (jn) 57
abgesehen: ~ davon 9; ~ von 51
abhandeln: etw. summarisch (knapp/gedrängt) ~ 71
abhängen von etw.: 27
abschließend: ~ möchte ich folgendes sagen (feststellen) 29
Abschluß: Zum ~ möchte ich folgendes sagen (feststellen) 29
acht: Man darf nicht außer ~ lassen, daß ... 41
Ahnung: Ich habe keine ~ . 43
alles in allem: 25, 31
allgemein: im allgemeinen 31; Man kann ganz ~ sagen, daß ... 53
als erstes: 23
also folgendes (besonders nach Fragen): 29
anbelangen: was ... anbelangt 29; Was die Medizin (die Psychologie usw.) anbelangt, ... 31
Anbetracht: in ~ einer Sache 29; in ~ der gegenwärtigen wirtschaftlichen (politischen, sozialen usw.) Probleme 37
anbieten: keine Lösung anzubieten haben 51
anderes: Das ist etwas [ganz] ~ . 19
anders gesagt (ausgedrückt): 15
anfangen: Fangen wir [einmal] mit etw. an./Fangen wir [einmal] damit an, etw. zu tun. 21; ... fängt (fangen) jetzt erst richtig an. 51
anführen: Um nur ein Beispiel anzuführen: ... 57
angehen: ein Problem (eine Frage) ~ 11; jn [etwas] ~ 23; was ... angeht 29; Was die Medizin (die Psychologie usw.) angeht, ... 31
Angelegenheit: Das ist meine ~ . 19
angenommen: 69
angesichts: ~ einer Sache 29; ~ der gegenwärtigen wirtschaftlichen (politischen, sozialen usw.) Probleme 37
anhalten: Wenn die gegenwärtige Tendenz anhält, ... 67
ankommen: Das (Es) kommt darauf an. 19; ..., darauf kommt es an! 71
Annahme (= Vermutung): eine ~ bestätigen 23
annehmen: Nehmen wir [einmal] an, ... 69
anschneiden: ein Problem (eine Frage) ~ 11
Ansicht: nach meiner ~ (meiner ~ nach) 9; der ~ sein, daß 33; [genau] der gleichen ~ sein wie jd [in diesem Punkt] 35; Ich bin der ~, daß ... 45, 51; Ich vertrete die ~, daß ... 51
Ansichtssache: Das ist ~ . 21
ansprechen: ein Problem (eine Frage) ~ 11

Argument: ein ~ vorbringen 15, 59; ein ~ widerlegen 59
Aspekt: unter diesem ~ 23; neue (keine neuen) Aspekte für etw. bringen (erbringen) 53
auffallen: Was mir besonders (vor allem) auffällt (aufgefallen ist), ist [die Tatsache], daß ... 17; Mir ist aufgefallen, daß jd etw. große Bedeutung beimißt. 43
Auffassung: nach meiner ~ (meiner ~ nach) 9
aufklären: etw. ~ 69; ~, wer (wann, wo usw.) 69
Aufmerksamkeit: js ~ lenken auf etw. 13
auf seiten js stehen: 35
aufspüren: die Ursachen [von etw.] ~ 61
aufwerfen: ein Problem ~ 57
ausdrücken: anders ausgedrückt 15; Ich weiß nicht, ob ich mich richtig (klar [genug]) ausgedrückt habe: Was ich sagen wollte ist, daß ... 43
ausdrücklich: 37
Auseinandersetzung: zu Auseinandersetzungen führen (Auseinandersetzungen mit sich bringen/nach sich ziehen/zur Folge haben) 13
auslösen: eine Diskussion (eine Krise, einen Streik, einen Krieg usw.) ~ 27
Ausnahme: eine (keine) ~ bilden 37; Die ~ bestätigt die Regel. 49
Aussage: nach [der] ~ js (von jm) 15
außer: 51
äußern: seine Meinung ~ 27
aussprechen: sich gegen (für) etw. (jn) ~ 65

B

bedenken: Es ist [auch] zu ~, daß ... 9; Man muß (Wir müssen) [jedoch] bedenken, daß ... 41; Aber bedenke (bedenken Sie) bitte folgendes: ... 49
bedeuten: Das bedeutet praktisch (letztlich/letzten Endes), daß ... 19; Im Klartext bedeutet das, daß ... 29
Bedeutung: einer Sache große ~ beimessen 13; einer Sache mehr (ebensoviel) ~ beimessen wie einer [anderen] Sache 13; Mir ist aufgefallen, daß jd etw. große ~ beimißt. 43; eine besondere ~ gewinnen/von besonderer ~ sein 63
Bedingung: unter der ~, daß 7; unter diesen Bedingungen 23
behandeln: etw. summarisch (knapp/gedrängt) ~ 71
behaupten: [In der Tat/im Gegenteil] ~, daß ... 69
Behauptung: Ich möchte mich [besonders] gegen die ~ wenden, daß .../Ich möchte [besonders] gegen die ~ protestieren, daß ... 45

75

beimessen: einer Sache große Bedeutung ~ 13; einer Sache mehr (ebensoviel) Bedeutung ~ wie einer [anderen] Sache 13; Mir ist aufgefallen, daß jd etw. große Bedeutung beimißt. 43
beiseite lassen: etw. ~ 47
Beispiel: Man könnte die Beispiele [noch] beliebig vermehren./Man könnte noch viele [weitere] Beispiele bringen (anführen). 53; Um nur ein ~ anzuführen (zu nennen): . . . 57
Bereich: im ~ der Politik (der Technik, der Kunst, des Jazz usw.)/in diesem ~ 25
berücksichtigen: etw. ~ 59; ~, daß 59
besonders: 69
besser werden: 63
bestehen: Das Hauptziel [einer Sache] muß (sollte) darin ~, etw. zu tun. 47
beteiligen: sich ~ an etw. 55
betonen: Es ist [auch] zu ~, daß . . . 9; Ich möchte . . . 45; etw. ~ 49
Betracht: etw. in ~ ziehen 59; in ~ ziehen, daß . . . 59
betrachten: betrachtet werden als 33
betreffen: jn ~ 23; was . . . betrifft 29; Was die Medizin (die Psychologie usw.) betrifft, . . . 31; [unmittelbar] betroffen sein von etw. 35; etw. ~ 57
Bewegung: Himmel und Hölle (alle Hebel) in ~ setzen, um etw. zu tun 61
bewußt: sich einer Sache [nicht] ~ sein 51; sich einer Sache ~ werden 57; sich der Tatsache ~ werden, daß . . . 57
beziehen: sich ~ auf etw. 57
Beziehung: in dieser ~ 9
bezüglich des (der): 9
bilden: sich eine Meinung (ein Urteil) ~ [über etw./jn] 65; sich ein [endgültiges] Urteil ~ über etw. (jn) 65
bis auf (= außer): 51
Blick: auf den ersten ~ 9
Blickwinkel: aus diesem ~ betrachtet 23
bringen: Konflikte (Auseinandersetzungen/Streitigkeiten) mit sich ~ 13; ein Problem mit sich ~ 57

D

dafür (= dagegen/hingegen): 55
dafür (für etw.) sein: 35
dagegen: 55; ~ (gegen etw.) sein 35
daher (= deshalb): 21, 55
darlegen: [jm] das Problem (die Gründe, den Sachverhalt usw.) ~ 37
darüber: 7
dasselbe: Ich wollte [gerade] genau ~ sagen. 43
denken: Daran habe ich noch nie gedacht. 21; zu ~ geben 27
dennoch: 41
deshalb: 21
dessenungeachtet: 41
deutlich: Um es ganz ~ zu sagen, 29; etw. ~ werden lassen 37; Man muß es einmal ganz klar [und ~] sagen/Es muß einmal klar [und ~] gesagt werden; . . . 41
diesbezüglich: 41
Ding: den Dingen auf den Grund gehen 11; So wie die Dinge [zur Zeit/im Augenblick] liegen (stehen), ist nichts zu machen. 15; Es ist besser, die Dinge beim [richtigen] Namen zu nennen. 43

E

eher: Ich würde ~ sagen, daß . . . 43
ehrlich gesagt: 11
eigentlich: 9
Eindruck: Ich habe den ~, daß . . . 43; nicht [gerade] den ~ machen, als ob jd etw. tut (ist) 51
einerseits . . . , andererseits: 29
einfach: Nichts ist [in der Tat] einfacher, als etw. zu tun. 63
Einfluß: einen [großen/gewissen] ~ ausüben auf etw. (jn) 37
eingehen: auf ein Problem (eine Frage) ~ 11
Einspruch erheben: Soweit ich mich entsinne, . . . 15; wenn ich mich recht entsinne 67
Einstellung: eine ~ zu etw. (zu jm) 13
einteilen lassen: sich ~ in etw. 65
einwenden: nichts einzuwenden haben gegen etw. 11
Einzelheit: in die Einzelheiten gehen/auf Einzelheiten eingehen 33
einzeln: ins einzelne gehen 33
einzig: der (die) einzige sein, der (die) etw. tut 35; [nicht] der einzige/die einzige sein, der/die glaubt, daß . . . 51
empfehlen: Es empfiehlt sich, etw. [nicht] zu tun. 39
entsinnen: Soweit ich mich entsinne, . . . 15; wenn ich mich recht entsinne 67
entsprechen: einer Sache ~ 33
Erfahrung: etw. aus ~ wissen 63
ergeben: sich ~ aus etw. 61
ergreifen: Maßnahmen ~, die abzielen auf etw. 59
erheben: eine Frage erhebt sich 59; Ein Problem (Eine Frage)/Folgendes Problem (Folgende Frage) erhebt sich [also] [für jn]: . . . 71
erinnern: wenn ich mich recht erinnere 67
Erklärung: Die ~ [dafür] liegt [wahrscheinlich/zweifellos] in der Tatsache [begründet], daß . . . 49
ernst: etw. (jn) ~ nehmen 57
Erwägung: etw. in ~ ziehen 59
erwarten: Wie zu ~ war, . . . 21
erweisen: sich ~ als etw. 63; sich ~, daß . . . 63

F

Faden: Ich habe den ~ verloren. (beim Sprechen, Überlegen usw.) 43
Fall: in dem (diesem) ~ 25; im vorliegenden ~ 25; in dem ~, der (in einem ~ wie dem, der) uns [hier] beschäftigt 25; auf jeden ~ 31; der ~ sein 35; Nehmen wir [zum Beispiel/beispielsweise] [einmal] den ~ des/der . . . 59; Setzen wir [einmal] den ~, . . . 69
fallen: ~ um . . . % (Prozent) 15
festhalten: Es muß [jedoch] festgehalten werden, daß . . . 41
feststehen: Es steht fest, daß . . . 39; Jedenfalls steht fest, daß . . . 71; Eins (Eines) steht fest: . . . 71
feststellen: Wenn man [einmal] genauer (näher) hinsieht, kann man (wird man) ~ (konstatieren), daß . . . 11; Was ich persönlich feststelle (feststellen kann) ist [die Tatsache], daß . . . 17; Es ist interessant festzustellen, daß . . . 39; Es muß [jedoch] festgestellt werden, daß . . . 41
finden: Ich finde, daß . . ./etw. gut (interessant/langweilig/ungerecht usw.) ~ 45

Folge: Konflikte (Auseinandersetzungen/Streitigkeiten) zur ~ haben 13
folgen aus etw.: 61
folgendes: also ~ (besonders nach Fragen) 29
folglich: 55
Frage: eine ~ ansprechen (anschneiden/angehen) 11; auf eine ~ eingehen (zu sprechen kommen) 11; Das ist eine (keine) ~ von allgemeinem Interesse. 21; eine ~ erhebt sich (stellt sich) 59; etw. in ~ stellen 61; Jetzt bleibt nur noch die ~ offen, ob (wer, wann, wo, warum usw.) . . . 61; Eine ~ bleibt noch offen: . . ./Bleibt noch eine ~: . . . 61; Eine ~ (Folgende ~) erhebt sich [also] [für jn]: . . . 71
fragen: Es fragt sich nur, ob (wann, wer, wo usw.) . . . 47; Jetzt fragt sich nur noch (Es fragt sich nur), ob (wer, wann, wo, warum usw.) . . . 61
führen: ~ zu etw. 11; zu Konflikten (Auseinandersetzungen/Streitigkeiten) ~ 13

G

ganz: als Ganzes gesehen 23; im [großen und] ganzen 25; im ganzen gesehen 31; ~ und gar nicht 49
geben: zu denken ~ 27
Gebiet: auf dem ~ der Politik (der Technik, der Kunst, des Jazz usw.)/auf diesem ~ 25
gedrängt: etw. ~ behandeln (abhandeln) 71
Gegensatz: im ~ zu etw. (jm) 23; im ~ zu dem, was du denkst (er denkt usw.)/du sagst (er sagt usw.) 23; im [völligen] ~ stehen zu etw. 33
Gegenseitigkeit: Das beruht auf ~. 21
Gegenteil: [ganz] im ~ 17; [im Gegenteil] behaupten, daß . . . 69
gegenwärtig: 9; Wenn die gegenwärtige Tendenz anhält, . . . 67
gehen: [sogar] so weit ~ zu sagen (behaupten, schreiben usw.), daß . . . 13; es geht (ging) darum, etw. zu tun 39; es geht (ging) um etw. (jn) 39; Es geht um etw. (jn)./Es geht darum, etw. zu tun. 41; Es geht hier nicht darum, etw. zu tun. 41; ~ um etw. bei etw. 57
gelten: ~ als 33; Das gleiche gilt [übrigens] für etw. (jn). 39
gemein: etw. ~ (gemeinsam) haben 15
gemeinsam: etw. ~ (gemein) haben 15
genaugenommen: 9
genauso: ~ ist es [übrigens] bei etw. (jm) 39
gesehen: politisch (juristisch, wissenschaftlich usw.) ~ 69
Gesichtspunkt: neue (keine neuen) Gesichtspunkte für etw. bringen (erbringen) 53
gewissermaßen: 31
glauben: Ich glaube, daß . . . 45; Ich persönlich glaube, daß . . . 51; wenn man den Meinungsumfragen (den Zeitungen, den Gerüchten usw.) ~ darf 67
Glauben schenken: wenn man den Meinungsumfragen (den Zeitungen, den Gerüchten usw.) ~ darf 67
gleich: Das gleiche gilt [übrigens] für etw. (jn). 39; Ich wollte [gerade] genau das gleiche sagen. 43
gleichen: sich ~ in etw. 15
gliedern: sich ~ in etw. 65
Grenzfall: Das ist ein ~. 21
groß: im [großen und] ganzen 25

grün: grünes Licht geben für etw. (bildlich) 27
Grund: den Dingen (der Sache) auf den ~ gehen 11; im Grunde [genommen] 15; aus diesem ~ 21; Es stimmt zwar, daß . . ., aber im Grunde [genommen] . . . 39; der tiefere ~ für etw./die tieferen Gründe für etw. 47
Grundgedanke: der ~ des (der) 49

H

haben: nichts ~ gegen etw. (jn) 53; nichts mit etw. (jm) zu tun ~ 53
halten zu jm: 35
Haltung: eine ~ gegenüber etw. (jm) 13
Hand: Es liegt auf der ~, daß . . . 39
handeln: Es handelt sich um etw. (jn). 41
Handlungsweise: durch diese ~ 29
Hauptsache: Das ist die ~. 19; Die ~ ist, daß . . . 49
Hauptziel: Mein (Sein, Unser usw.) ~ ist [es] (besteht darin), etw. zu tun. 43; Das ~ [einer Sache] muß (sollte) darin bestehen, etw. zu tun. 47
Hebel: alle ~ in Bewegung setzen, um etw. zu tun 61
heißen: . . ., das heißt, [daß] . . . 19; Im Klartext heißt das, daß . . . 29
herauskristallisieren: sich ~ aus etw. 65
herausstellen: sich ~, daß 63
hervorgehen aus etw.: 61, 65
hervorheben: Ich möchte ~, daß . . . 45; etw. ~ 49
hierüber: 7
Himmel: ~ und Hölle in Bewegung setzen, um etw. zu tun 61
hinauslaufen auf etw.: Das läuft praktisch (letztlich/letzten Endes) darauf hinaus, daß . . . 19; Das läuft (kommt) auf dasselbe (das gleiche) hinaus. 19
hinauswollen auf etw.: Worauf willst du (wollen Sie) hinaus? 53
hingegen: 55
hinsehen: Wenn man [einmal] genauer (näher) hinsieht, kann man (wird man) feststellen (konstatieren), daß . . . 11
Hinsicht: In dieser ~ 9; in gewisser ~ 25; in politischer (juristischer, wissenschaftlicher usw.) ~ 69
hinsichtlich des (der): 9
hinweisen: Es ist [auch] darauf hinzuweisen, daß . . . 9, 11; mit Nachdruck ~ auf etw. 49; jn darauf ~, daß . . . 67
hinzukommen: . . . kommt (kommen) noch hinzu 7; Hinzu kommt, daß . . . 7
Hölle: Himmel und ~ in Bewegung setzen, um etw. zu tun 61
hören: Wenn man Sie [so] [reden] hört, . . . 11; soweit ich gehört habe 25; Ich habe gehört, daß . . . 43
Hypothese: eine ~ vorbringen 15; eine ~ bestätigen 23

I

Idee: Auf die ~ bin ich noch nie gekommen. 21
im allgemeinen: 31
im Klartext (= um es ganz deutlich zu sagen): 29
in Anbetracht: ~ einer Sache 29; ~ der gegenwärtigen wirtschaftlichen (politischen, sozialen usw.) Probleme 37
infolgedessen: 55
insgesamt: 25
Interesse: Das ist eine (keine) Frage von

allgemeinem ~ . 21
irgendwie (= gewissermaßen): 31
irren: wenn ich mich nicht irre 67

J

je nachdem: 19, 65
jedenfalls: 31, 59; ~ steht fest, daß 7 l

K

keineswegs: 49
Kind: Es ist besser, das ~ beim [richtigen] Namen zu nennen. 43
klar: Es ist ~, daß . . . 39; Man muß es einmal ganz ~ [und deutlich] sagen/Es muß einmal ganz ~ [und deutlich] gesagt werden; . . . 41
klären: etw. ~ 69; ~, wer (wann, wo usw.) 69
klarmachen: sich etw. ~ 65
klarstellen: Ich möchte ~, daß . . . 45
Klartext: im ~ (= um es ganz deutlich zu sagen) 29; Im ~ bedeutet/heißt das, daß . . . 29
knapp: etw. ~ behandeln (abhandeln) 71
kommen: Zu dem Problem des/der . . . kommt [noch] das [Problem] des/der . . . 31; ~ wir [nun/jetzt] zu etw. 55
komplizieren: die Dinge [unnötig] ~ (komplizieren machen) 23
kompliziert machen: die Dinge [unnötig] ~ (komplizieren) 23
Konflikt: zu Konflikten führen (Konflikte mit sich bringen/nach sich ziehen/zur Folge haben) 13
konstatieren: Wenn man [einmal] genauer (näher) hinsieht, kann man (wird man) feststellen (~), daß . . . 11
konzentrieren: ~ wir uns einmal auf die Fakten/Tatsachen. 13
kurzum (kurz und gut): 17

L

Lehre: Die ~, die man daraus ziehen sollte [ist die]: . . . 47
leicht: etw. ~ nehmen/etw. auf die leichte Schulter nehmen 57
Leitgedanke: der ~ des (der) 49
leugnen: Es läßt sich nicht ~. 41
Licht: grünes ~ geben für etw. *(bildlich)* 27
Lied (Liedchen): Ich kann ein ~ davon singen. 45
liegen: Das liegt [wahrscheinlich/nur] an etw. (jm)/Das liegt nicht [liegt wahrscheinlich nicht/liegt nicht nur] an etw. (jm) 19
lösen: ein Problem ~ 61
Lösung: eine [zufriedenstellende] ~ für ein Problem suchen (finden) 21; Die einfachste ~ [ist die]: . . . 47; keine ~ anzubieten haben 51

M

Maßnahme: Maßnahmen ergreifen, die abzielen auf etw. 59
meinen: ~ mit etw. 33; Ich meine, daß . . . 45; ~ mit etw./damit ~ 71
meines Wissens: 9, 15
Meinung: nach meiner ~ (meiner ~ nach) 9; seine ~ ändern 21; Darüber kann man verschiedener ~ sein. 21; seine ~

abgeben (äußern/sagen/vorbringen) 27; der ~ sein, daß 33; [genau] der gleichen ~ sein wie jd [in diesem Punkt] 35; Ich bin der ~, daß . . . 45; Ich bin [ganz/völlig] deiner (Ihrer) ~./Ich bin nicht (keineswegs/durchaus nicht) deiner (Ihrer) ~. 45; Ich bin der ~, daß . . ./Ich vertrete die ~, daß . . ./Meine ~ ist die, daß . . . 51; eine ~ über (zu) etw. 53; eine vorgefaßte ~ 53; eine ~ teilen 55; sich eine ~ bilden [über etw./ jn] 65

N

nach (= zufolge): 65
nachdenken: Wenn man [einmal] richtig darüber nachdenkt, muß man sagen, daß . . . 11
nachdenklich stimmen: 27
Nachdruck: mit ~ hinweisen auf etw. 49
nachgehen: den Ursachen [von etw.] ~ 61
Name: Es ist besser, die Dinge (das Kind) beim [richtigen] Namen zu nennen. 43
nebenbei bemerkt (gesagt): 67
nehmen: ~ wir [zum Beispiel/beispielsweise] [einmal] den Fall des/der . . . 59
neigen: dazu ~, etw. zu tun 15
nennen: Um nur ein Beispiel zu ~ . . . 57
nutzen: Was nützt das (es) [schon], etw. zu tun? 11; Es nützt nichts, etw. zu tun. 19

O

offen: ~ gesagt (gestanden) 11; um es [ganz] ~ zu sagen 57
offenbleiben: Jetzt bleibt nur noch die Frage offen, ob (wer, wann, wo, warum usw.) . . . 61; Eine Frage bleibt noch offen: . . . 61
offensichtlich: ganz ~ 25

P

paradox: Das Paradoxe an der Situation ist, daß . . . 47
persönlich: Ich ~ glaube, daß . . . 51
praktisch: Das bedeutet ~ (letztlich/letzten Endes), daß . . . 19; (= in der Praxis) 31
Praxis: in der ~ 31; etw. in die ~ umsetzen 49
Privatangelegenheit: Das ist meine ~. 19
Problem: ein ~ ansprechen (anschneiden/angehen) 11; auf ein ~ eingehen (zu sprechen kommen) 11; eine [zufriedenstellende] Lösung für ein ~ suchen (finden) 21; Zu dem ~ des/der . . . kommt (tritt) [noch] das [Problem] des/der . . . 31; [jm] das ~ darlegen 37; angesichts (in Anbetracht) der gegenwärtigen wirtschaftlichen (politischen, sozialen usw.) Probleme 37; ein ~ aufwerfen (mit sich bringen) 57; ein ~ lösen 61; Ein ~ (Folgendes ~) erhebt sich [also] [für jn]: . . . 71
protestieren: Ich möchte [besonders] gegen die Behauptung ~, daß . . . 45
Punkt: [Hier] noch ein wichtiger ~: . . . 55

R

ratsam: Es ist ~, etw. [nicht] zu tun. 39
realisieren: etw. ~ 49
Recht: mit (zu) ~ 7

recht geben: Da gebe ich Ihnen (dir) [allerdings] recht./Da muß ich Ihnen (dir) [allerdings] recht ~. 19
recht haben: Da hast du (haben Sie) recht. 47; Du hast (Sie haben) [völlig] recht, wenn du sagst (Sie sagen), daß . . . 71
Rede: die ~ ist (war) von etw. (jm) 39
reden: Wenn man Sie [so] [~] hört, . . . 11
Regel: in der ~ 31; Die Ausnahme bestätigt die ~. 49
reichen: ~ von etw. bis [hin] zu etw. *(bildlich)* 13
richtig: teilweise (zum Teil) ~ sein 35; . . . fängt (fangen) jetzt erst ~ an. 51
Rolle: eine wichtige ~ spielen in (bei) etw. 47

S

Sache: der ~ auf den Grund gehen 11
sagen: Wenn man [einmal] richtig darüber nachdenkt, muß man ~, daß . . . 11; anders gesagt 15; Wie gesagt/Wie ich [dir/Ihnen] schon gesagt habe, . . . 21; Wie du sagst/Wie Sie sagen, . . . 21; wie soll ich ~? 21; Nach dem was man (er/sie) mir gesagt hat, . . ./Wie man (er/sie) mir gesagt hat, . . ./Wie man [allgemein] sagt, . . . 25; seine Meinung ~ 27; [Also] ~ wir mal: . . . *(als Satzeinleitung)* 27; ~ wir mal *(als Einschub)* 27; Um es ganz deutlich zu ~ : . . . 29; Zusammenfassend kann man ~, daß . . . 31; ~ wollen mit etw. 33; Man muß es einmal ganz klar [und deutlich] ~/Es muß einmal ganz klar [und deutlich] gesagt werden. 41; Ich würde eher ~, daß . . . 43; Ich wollte [gerade] genau das gleiche (dasselbe) ~. 43; Ich weiß nicht, ob ich mich richtig (klar [genug]) ausgedrückt habe: Was ich ~ wollte ist, daß . . . 43; Ich will dir (Ihnen) mal was (einmal etwas) ~. 45; Man kann ganz allgemein ~, daß . . . 53; um es [ganz] offen zu ~ 57; Was willst du (wollen Sie) damit ~? 59; wenn ich [einmal/mal] so ~ darf 67; ~ wollen mit etw./damit ~ wollen 71; Du hast (Sie haben) [völlig] recht (unrecht), wenn du sagst (Sie sagen), daß . . . 71
Schein: Der ~ trügt. 49
scheuen: den Vergleich mit etw. [wirklich] nicht zu ~ brauchen 69
schlechter werden: 63
schließen: Ich muß/Wir müssen ~ (z. B. bei einer Rede, Diskussion, Sitzung) 39; Man kann daraus ~, daß . . . 53; Alles läßt darauf ~, daß . . . 71
Schluß: Ich muß/Wir müssen zum ~ kommen (z. B. bei einer Rede, Diskussion, Sitzung) 39; Man muß/Wir müssen [endlich/endlich einmal] ~ machen mit etw. 41; einen ~ ziehen aus etw. 71
Schlußfolgerung: eine ~ ziehen aus etw. 71
Schulter: etw. auf die leichte ~ nehmen 57
Schwierigkeit: eine ~ überwinden 69
sehen: Wie ich sehe, . . . 7; Als Ganzes gesehen 23; von den Arbeitgebern (Arbeitnehmern, Engländern usw.) her gesehen/von daher gesehen 27
Seite: auf der ~ stehen 35
Selbstzweck: zum ~ werden 27
setzen: sich das Ziel ~, etw. zu tun 65; ~ wir [einmal] den Fall, . . . 69
Sicht: aus der ~ der Arbeitgeber (Arbeitnehmer, Engländer usw.)/aus dieser ~ 27

singen: Ich kann ein Lied (Liedchen) davon ~. 45
sinken: ~ um . . %/o (Prozent) 15
Sinn: in gewissem Sinne 25
Situation: Das Paradoxe (Widersinnige) an der ~ ist, daß . . . 47
skizzieren: etw. ~ 33
sonst (= abgesehen davon): 9
soviel: ~ ich weiß 15
soweit: ~ ich mich entsinne 15; ~ bekannt ist 57
sozusagen: 57
Spiel: auf dem ~ stehen 35
spielen: eine wichtige Rolle ~ in (bei) etw. 47
sprechen: auf ein Problem (eine Frage) zu ~ kommen 11; noch [einmal] zu ~ kommen auf etw. 63
Standpunkt: vom ~ der Arbeitgeber (Arbeitnehmer, Engländer usw.) [aus]/von diesem ~ aus 27
stehen: auf dem Spiel ~ 35
steigen: ~ um . . .%/o (Prozent) 15
Stein: Das ist ein Tropfen auf den heißen ~. 21
Stelle: Wenn ich an deiner (Ihrer) ~ wäre, würde ich etw. tun. 67
stellen: eine Frage stellt sich 59; etw. in Frage ~ 61
stimmen: nachdenklich ~ 27; Es stimmt zwar, daß . . ., aber im Grunde [genommen] . . . 39
Streitigkeit: zu Streitigkeiten führen (Streitigkeiten mit sich bringen/nach sich ziehen/zur Folge haben) 13
strenggenommen: 9
summa summarum: 31
summarisch: etw. ~ behandeln (abhandeln) 71

T

Tat: etw. in die ~ umsetzen 49; [in der Tat] behaupten, daß . . . 11
Tatsache: Die Erklärung [dafür] liegt [wahrscheinlich/zweifellos] in der ~ [begründet], daß . . . 49; sich der ~ bewußt werden, daß . . . 57
Teil: zum ~ 31; zum ~ wahr (richtig) sein 35; ich für meinen ~ 57
teilen: eine Meinung ~ 55
teilnehmen an etw.: 55
teilweise: 31; ~ wahr (richtig) sein 35
Tendenz: Wenn die gegenwärtige ~ anhält, . . . 67
theoretisch: 31, 69
Theorie: in der ~ 31
treten: Zu dem Problem des/der . . . tritt [noch] das [Problem] des/der . . . 31
Tropfen: Das ist ein ~ auf den heißen Stein. 21
trotzdem: 41
trügen: Der Schein trügt. 49
tun: es mit etw. (jm) zu ~ haben 15; Was uns jetzt noch zu ~ bleibt ist, etw. zu tun./Was wir jetzt noch ~ müssen ist, etw. zu tun. 17; nichts mit etw. (jm) zu ~ haben 53
typisch für etw. sein: 37

U

Überblick: [jm] einen [kurzen] ~ geben [über etw.] 27
übergehen: Gehen wir [nun/jetzt] zu etw. über. 55
überschätzen: etw. (jn) ~ 69
übersehen: Man darf nicht ~, daß . . . 41

..berwinden: eine Schwierigkeit ~ 69
überzeugt: Ich bin [fest] davon ~, daß
... 45
übriglassen: [sehr] zu wünschen ~ 47
umgekehrt: und ~ 33
umreißen: etw. [kurz] ~ 33
Umstand: unter diesen Umständen 23
und so weiter (und so fort): 33
unrecht: Da hast du (haben Sie) ~ . 47; Du
hast (Sie haben) [völlig] ~, wenn du
sagst (Sie sagen), daß ... 71
unterschätzen: etw. (jn) ~ 69
unterscheiden: Man muß/Wir müssen ~
zwischen ... und ... 41
unterstreichen: etw. ~ *(bildlich)* 37; Ich
möchte ~, daß ... 45
unvereinbar sein mit etw.: 35
Ursache: den Ursachen [von etw.] nach-
gehen/die Ursachen [von etw.] aufspüren 61
Urteil: nach dem ~ von jm 15; ein ~ abgeben über etw. (jn) 57; sich ein ~ bilden [über etw./jn] 65; sich ein [endgülti-
ges] ~ bilden über etw. (jn) 65
urteilen: nach etw. zu ~ 7

V

verbessern: sich ~ 63
verbunden: eng miteinander ~ sein 35
vergegenwärtigen: ~ wir uns [noch
einmal] kurz ... 11
Vergleich: Im ~ zu etw. 55; den ~ mit
etw. [wirklich] nicht zu scheuen brauchen 69
verglichen mit etw.: 55
Verhalten: durch dieses ~ 29
verhalten: [Ganz] genauso verhält es sich
mit ... 37
Verhältnis: im ~ zu etw. 55
verknüpft: eng miteinander ~ sein 35
verlieren: Ich habe den Faden verloren.
(beim Sprechen, Überlegen usw.) 43
vermehren: Man könnte die Beispiele
[noch] beliebig ~. 53
Vermutung: eine ~ bestätigen 25
verschlechtern: sich ~ 63
verstehen: [Also] ich verstehe überhaupt
nichts mehr. 13; Das versteht sich von
selbst. 19; soweit ich verstanden habe
25; ~ unter etw. 33; Es versteht sich
von selbst, daß ... 43
vor allem: 69
voraussehen: Es ist [schon jetzt] vorauszusehen, daß ... 39
vorbringen: seine Meinung ~ 27; ein Argument ~ 59
vorgefaßt: eine vorgefaßte Meinung 53
vorhersehen: Es ist [schon jetzt] vorherzusehen, daß ... 39
vornehmen: sich ~, etw. zu tun 65
vorstellen: Man kann sich kaum (nur
schwer) ~, was ... 17
Vorwand: unter dem ~, daß ... 67

W

wahr: teilweise (zum Teil) ~ sein 35
Weg: Das ist gewiß (freilich/zwar) nicht
der einfachste ~, aber ... 17
Weise: auf diese ~ 25; in gewisser ~ 25
weit: [sogar] so ~ gehen zu sagen (behaupten, schreiben usw.), daß ... 13
weit gefehlt: 49

wenden: Ich möchte mich [besonders]
gegen die Behauptung ~, daß ... 45
wenn: ~ man Sie [so] [reden] hört/ ~
man Ihnen [so] zuhört, ... 11; ~ man
[einmal] genauer (näher) hinsieht, kann
man (wird man) feststellen (konstatieren), daß ... 11
widerlegen: ein Argument ~ 59
widersinnig: Das Widersinnige an der Situation ist, daß ... 47
Widerspruch: im [völligen] ~ stehen zu
etw. 33
wie: ~ ich sehe, ... 7; ~ gesagt 21;
~ dem auch sei 59
Wirkung: eine positive (negative) ~
haben (ausüben) auf etw. (jn) 15
Wissen: meines Wissens 9, 15
wissen: soviel ich weiß 15; Ich weiß es
[wirklich] nicht. 43; Ich weiß nicht, ob
ich mich richtig (klar [genug]) ausgedrückt habe; Was ich sagen wollte ist,
daß ... 43; Ich weiß sehr wohl, daß ...
45; Man kann nie ~. 53; Nicht daß ich
wüßte. 55; etw. aus Erfahrung ~ 63
wollen: Ich wollte [gerade] genau das
gleiche (dasselbe) sagen. 43; Was willst
du (wollen Sie) damit sagen? 59
Wort: mit anderen Worten 15; mit einem
~ 17
wozu: ~ etw. tun? 11
wünschen: [sehr] zu ~ übriglassen 47

Z

Zeichen: Das ist ein gutes (schlechtes)
~. 19
zeigen: sich ~, daß ... 63
Zeit: zur ~ 9
ziehen: Konflikte (Auseinandersetzun-
gen/Streitigkeiten) nach sich ~ 13; Die
Lehre, die man daraus ~ sollte [ist die]:
... 47; etw. in Betracht (Erwägung) ~
59
Ziel: Das ~ [des/der ...] ist (war) es,
etw. zu tun. 49; sich das ~ setzen, etw.
zu tun 65
zuallererst: 23
zuerst: 23
zufolge: 65
zuhören: Wenn man Ihnen [so] zuhört,
... 11
zum Abschluß: ~ möchte ich folgendes
sagen (feststellen) 29
zum Teil: 31
zunächst: 23
zurückführen: zurückzuführen sein auf
etw. 33
zurückkommen: noch [einmal] ~ auf etw.
63
zusammenfassen: Also fassen wir [noch
einmal] kurz zusammen. 17; Wenn man
[noch einmal] kurz zusammenfaßt,
stellt man fest (sieht man), daß ... 67
zusammenfassen lassen: sich mit einer
[einzigen] Formel (einem [einzigen]
Wort/einem [einzigen] Satz) ~ 65
zusammenfassend: ~ kann man sagen,
daß ... 31
Zweck: Es hat keinen ~, etw. zu tun. 19
zwecklos: Es ist ~, etw. zu tun. 19
Zweifel: Es steht außer ~, daß .../Es
besteht kein ~ [daran], daß ... 39